Ece Temelkuran

WILLE UND WÜRDE

Zehn Wege in eine bessere Zukunft

Aus dem Englischen von
Michaela Grabinger

Hoffmann und Campe

Die Originalausgabe erschien 2021 unter dem Titel
Together. 10 Choices for a Better Now bei 4th Estate, an imprint of
HarperCollinsPublishers, London.

Literaturnachweise

S. 118, Virginia Woolf, *Tagebücher 5. 1936–1941*, Hrsg. Klaus Reichert,
aus dem Englischen von Claudia Wenner,
© 2008 S. Fischer Verlag, Frankfurt am Main, S. 531.

S. 132, Thomas Piketty, *Kapital und Ideologie*, aus dem Französischen von
André Hansen, Enrico Heinemann, Stefan Lorenzer, Ursel Schäfer und
Nastasja S. Dresler, © 2020 C. H. Beck Verlag, München, S. 1204.

1. Auflage 2022
Copyright © 2021 Ece Temelkuran
Für die deutschsprachige Ausgabe
Copyright © 2022 Hoffmann und Campe Verlag, Hamburg
www.hoffmann-und-campe.de
Satz: Pinkuin Satz und Datentechnik, Berlin
Gesetzt aus der Adobe Garamond Pro und der Bebas Neue
Druck und Bindung: GGP Media GmbH, Pößneck
Printed in Germany
978-3-455-01169-2

Ein Unternehmen der
GANSKE VERLAGSGRUPPE

*Für den kleinen Valentino
Ich wage das Versprechen.*

INHALT

Ein Talisman für uns, für jetzt 9

1 Glaube statt Hoffnung 17
2 Die ganze Wirklichkeit 31
3 Die Angst als Freund 49
4 Würde statt Stolz 65
5 Aufmerksamkeit statt Wut 81
6 Stärke statt Macht 99
7 Genug statt weniger 115
8 Riff statt Wrack 139
9 Freundschaft 157
10 Miteinander 177

Vielen Dank 191

EIN TALISMAN FÜR UNS, FÜR JETZT

Wegweinen lässt sie sich nicht, also lachen wir: Zwei wild entschlossene kopflose Hühner gackern sich in die Apokalypse. Die Welt geht unter, aber wir trennen seit zehn Minuten akribisch die Luftpolsterfolie unserer Umschläge vom Papier.

Ein weiterer früher Morgen im Frühjahr 2020, nur wenige Wochen nach Beginn des Lockdowns und eine Woche nach dem schweren Erdbeben, das Zagreb erschüttert hat. Jetzt hängt über der ganzen Stadt eine Staubwolke. Wir, zwei gleichaltrige Frauen, stehen mit unseren halb aufgerissenen Luftpolstertaschen vor den Recycling-Containern in der Martićeva-Straße und schütteln uns vor Lachen, obwohl wir uns gar nicht kennen.

Für den Bruchteil einer Sekunde treffen sich unsere Blicke, und wir sehen einander, aber auch uns selbst: Mit Zottelhaaren und schief sitzender Corona-Maske sortieren wir unseren Müll in die entsprechenden Tonnen, um wenigstens ein bisschen Kontrolle über diese schrottreifen Zeiten zu gewinnen, wenn sich mit unseren latexüberzogenen Händen schon nichts anderes in Ordnung bringen lässt. Pyramiden, Revolutionen, Symphonien, die Raumfahrt, die Quantenphysik, die Mona

Lisa – und wir stehen Anfang des 21. Jahrhunderts wie der Müll der Menschheitsgeschichte da.

Unser hysterisches Gelächter soll die allzu menschliche Frage ersticken, die sich in dieser Zeit aufdrängt: Sind wir jetzt nur noch *so*? Können wir wirklich nicht *mehr* machen?

»Was machen wir jetzt?«

Diese Frage wurde mir nach so gut wie allen Vorträgen gestellt, die ich 2019 an zahlreichen Veranstaltungsorten in zahlreichen Ländern hielt. Nachdem *Wenn dein Land nicht mehr dein Land ist* erschienen war, sprach ich fast das ganze Jahr hindurch über die Logik der politischen Maschinerie, der wir all das Chaos, all die Angst und Verzweiflung zu verdanken hatten, unter der wir so sehr litten. Kein Land sei gegen die lähmende politische und moralische Pest unserer Zeit immun, lautete meine Behauptung. Doch bis ich das entspannte westliche Publikum davon überzeugen konnte, dass diese neue Form von Faschismus einen globalen Krieg gegen die Grundlagen menschlicher Vernunft führt, begannen sich meine Vorhersagen auch schon zu bewahrheiten. Nachdem ich meinen Vortrag beendet hatte, herrschte jedes Mal tiefes Schweigen im Saal, bevor jemand die erste Publikumsfrage stellte. Irgendwann wurde mir klar, dass viele Anwesende in der bleiernen Stille mit einer wichtigen Entscheidung rangen: »Soll ich fragen, wie wir diesem übergriffigen Wahnsinn entkommen können, oder einfach rausgehen und das Ganze bei einem Drink vergessen?« Die Alternativen, die uns die Welt von heute bisher geboten hatte, erschienen vielen von uns schließlich kaum sinnvoller als das Entfernen der Luftpolsterfolie aus Papierumschlägen – oder aber als beängstigend radikal, Stichwort Revolution. Der riesige Raum dazwischen, in dem das wahre Leben stattfindet, wurde selten thematisiert.

In diesem wahren Leben kam gerade eine historische Phase zum Abschluss; es fühlte sich aber eher so an, als wäre die ganze Menschheit am Ende.

Jeder Status quo besitzt die magische Fähigkeit, den Massen weiszumachen, ein untergehendes System würde auch alles andere mit sich reißen.

So verhalten sich alle Systeme, nämlich wie ängstliche Seeleute in der Antike: Sobald du in unbekannte Gewässer segelst, warnen sie, wirst du über den Rand der Welt hinweggespült. Genau das, erzählt man uns, passiert gerade. Unser politisches und wirtschaftliches System sei an seine Grenzen gelangt, taumle und drohe uns alle mit sich in den Abgrund zu ziehen. Jede Entscheidung, die wir treffen, erscheint so wirkungslos wie der Eimer, mit dem man das volllaufende Boot leer zu schöpfen versucht. Das schiere Ausmaß des Chaos verleitet uns zu dem Glauben, nichts würde genügen, ganz egal was wir machen. Und irgendwann ist vergessen, dass wir Menschen sehr wohl in der Lage sind, uns mit Hilfe auch kleinster Dinge neu zu erfinden.

Ob sie die Sachen nicht richtig in die Hand nimmt, weil Kinder mit kleinen Gegenständen instinktiv behutsam umgehen, oder ob es einem erlernten Ekel geschuldet ist, kann ich aus meinem Blickwinkel nicht erkennen. Jedenfalls sammelt die fünfjährige Zeyno im Sommer 2019 an einem menschenleeren Strand der griechischen Insel Kalymnos etwas. Sie hebt die Sachen mit spitzen Fingern auf und läuft damit zum Sonnenschirm zurück. Ist der Gegenstand sicher deponiert, zieht sie von Neuem los, um langsamen Schrittes den Boden abzusuchen.

Weil sie unermüdlich so weitermacht, folgen ihr irgendwann zwei Frauen mittleren Alters aus entgegengesetzten Richtungen. Der lässige Schlendergang, in dem sie sich nähern, soll ihre Neugier kaschieren und den Anschein erwecken, Zeynos Sonnenschirm läge *ganz zufällig* auf ihrem Weg. Schließlich bleiben sie davor stehen und betrachten den mysteriösen Haufen. »Plastikteile«, sagt die eine. »Ach, sie sammelt Müll«, meint die andere. Dabei lächeln sie sich so vielsagend zu, wie es Erwachsene tun, wenn ihnen Begeisterung begegnet. Wie eine Eichhörnchenmutter, die Gefahr wittert, eilt Zeyno zurück, um das Nest zu verteidigen. Noch ganz außer Atem hält sie einen sehr engagierten Vortrag darüber, wie schädlich Plastik für »unsere Erde« sei und dass man aus Plastik »Kunst« machen könne, ja wirklich. Nachdem die beiden Frauen dem Kind anerkennend den Kopf getätschelt haben, machen sie sich wieder auf den Weg zu ihren eigenen Sonnenschirmen. Doch dann bleiben sie fast gleichzeitig stehen, bücken sich nach einem Stück Müll im Sand, kommen zurück und fügen es der Sammlung des kleinen Mädchens hinzu. Anstatt sich weiter in der Sonne zu aalen, suchen auch sie jetzt den Strand ab. Von der unverhofften poetischen Mittagsstimmung beflügelt, erinnern sie sich: Selbst in kaputten Zeiten wie diesen gibt es da unsere angeborene Neigung, Schönes zu schaffen. Jedes Mal, wenn ein System in der Mülltonne der Geschichte landete, hat sie dafür gesorgt, dass es mit uns Menschen weiterging. Und allen Schwarzmalern zum Trotz, die noch bei jedem Zusammenbruch das Ende gekommen sahen, war dieser Wesenskern unserer Spezies der Grund, warum wir immer von Neuem an die Menschheit geglaubt haben.

Als ich in Zeynos Alter war, verstand ich die stumme Sprache der Dinge noch. Bei uns zu Hause gab es eine Schublade, die als letzter Aufenthaltsort für kleine, nicht mehr benutzte Gegenstände diente. Die Entscheidung über ihr Schicksal wurde ständig vertagt: Kugelschreiber mit irgendwelchen Macken, die eines Tages aber vielleicht doch funktionieren würden, Bänder, die auf ihren Einsatz als Verschönerung von Notgeschenken warteten, rostige Schlüssel für längst nicht mehr existierende Türen, halb vertrocknete Lippenstifte, ein zerbrochener, von schwarzgrauen Sprüngen durchzogener Handspiegel, Plastikkämme mit abblätternder Beschichtung und der ganze andere Krimskrams unseres Lebens, dessen Anspruch auf einen eigenen Platz im Haus erloschen war. Das alles lag in dieser Schublade und wartete auf den nächsten Wegwerfanfall meiner Mutter. Die Klage dieser Dinge, der verstörende Schrei der Verstoßenen, den nur ich hören konnte, war unerträglich.

Eines Tages kam ich auf die Idee, all die armen Sachen in einer Art Rettungsaktion zusammenzukleben. Nach und nach wuchsen sie sich zu bizarren Talismanen aus, die ich in meinem Zimmer aufhängte. Nun, da sie als Teile eines Ganzen in die Welt zurückgeholt worden waren, vermochten sie wieder zu sprechen.

So verhält es sich auch mit *Wille und Würde*. Das Buch ist ein Talisman aus all den Kleinigkeiten über unsere Spezies, die wir in den Schubladen der Menschheit vergessen haben, ohne es selbst zu bemerken. Nur indem wir sie aneinanderfügen, können wir uns in Erinnerung rufen, wie und warum es den Menschen gelungen ist, bis heute zu überleben, und weshalb wir immer wieder beschlossen haben, Vertrauen in uns zu setzen.

Sie werden bei der Lektüre auf scheinbar Belangloses stoßen, auf zerbrochene Bilder, halb vertrocknete Träume, nie gebaute Städte und den ganzen Krempel der Welt. Dies ist eine neue Geschichte des Menschen, zusammengesetzt aus den Bruchstücken der kaputten Bilder unserer Spezies.

Es geht in diesem Talisman-Buch um zehn Entscheidungen, die Menschen wie wir, denen es wichtig ist, solche Bücher zu lesen und zu schreiben, im wahren Leben treffen sollten. Und zwar nicht erst in einer unbekannten Zukunft, sondern hier und jetzt, weil wir sie hier und jetzt brauchen. *Wille und Würde* soll dazu beitragen, dass wir uns einmal mehr für uns entscheiden.

Solche Entscheidungen mögen einigen angesichts der brutalen Gegenwart als zu schwach erscheinen, aber *alles Wertvolle ist zerbrechlich* – das Schöne, das Menschliche, das Wahre. Und erst wenn alles Zerbrechliche zu einer kompakten Geschichte des Menschen zusammengefügt wäre, könnte ich sagen: »Ich glaube an euch«, ohne dass es komisch klänge.

Doch um eine neue, bessere Geschichte für uns entwerfen zu können, brauche ich Sie. Sie müssen eine Entscheidung treffen, und zwar jetzt.

Jetzt ist ein niederschmetterndes Wort.

Jetzt ist das Bild eines kleinen Mädchens, das mitten in der Bewegung erstarrt, wenn es über das Seil springen soll. Während die anderen »Jetzt! Spring jetzt!« rufen, wird das Hüpfseil für das Mädchen zu einer Schlangenzunge, die immer wieder den Boden leckt und dem Kind jedes Mal verkündet, dass es zu spät dran ist.

Menschen wie Ihnen und mir ergeht es heute wie diesem Mädchen – wir sind mitten in der Bewegung erstarrt. Die einen flehen Hoffnung und Ermutigung herbei, um den Sprung doch noch zu wagen, andere haben bereits aufgegeben und den Spielplatz verlassen. Immer weniger fragen nach dem Ausweg aus dem globalen Wahnsinn, und vielen geht es insgeheim nur noch um die eigene Sicherheit. *Jetzt* fühlt sich so an, als wäre es schon zu spät – vielleicht sogar schon zu spät für die Frage, was wir jetzt machen sollen.

Und doch ist jetzt der Zeitpunkt, sich für Überzeugungen

zu entscheiden: für die Überzeugung, dass wir mehr sind als kopflose Hühner, dass wir für das Schöne bestimmt sind und nicht auf bessere Zeiten warten müssen, um Hoffnung zu schöpfen. Der richtige Augenblick ist … jetzt!

Wenn Sie sich für diese Überzeugungen entscheiden, schaffen wir gemeinsam den Sprung über das verdammte Seil unserer Zeit. Versprochen.

1

GLAUBE STATT HOFFNUNG

Im Verlauf des Jahres 2019 wurde meine Verärgerung über die allgegenwärtige Frage »Wo ist noch Hoffnung?« so selbstdestruktiv, dass ich am Ende nicht mehr anders als sarkastisch darauf reagieren konnte. Ich malte mir aus, wie ich dem Nächsten, der mir diese Frage zu stellen wagte, eine Speisekarte des Restaurants Hoffnung überreichte. Ich stellte mir ein uriges Bierlokal vor, das als Hauptgericht den Eintopf »Zur Räson kommen« anbot, bestehend aus einem Teller Demokratie an einer sämigen Sauce aus vernünftigen, erwachsenen Politikern, so stark eingekocht, dass sich alle globalen Krisen daraus verflüchtigt hatten. Doch wo Sarkasmus ist, ist natürlich auch immer ein nie richtig verheilter Kummer.

Inzwischen weiß es jeder: Mein Heimatland, die Türkei, ist ein schwieriger Ort zum Leben. In den vergangenen Jahren haben dort nur wenige genug getan, um den verfluchten Lauf der Dinge zu verändern. Die restliche Türkei hat derweil um Hoffnung gefleht. Ich habe dieses Wort schon zu oft von Leuten gehört, die nicht annähernd genug machten – so oft, dass es mir irgendwann wie eine emotionale Krücke für diejenigen vorkam, die schlicht nicht den Mut hatten, Rückgrat zu zeigen.

Auch die westliche Welt, die seit dem 18. Jahrhundert den Anspruch erhoben hat, ein sicherer Hafen für das Individuum, den Freigeist, zu sein, wird mittlerweile ein schwieriges Pflaster. Europäer wie Amerikaner empfinden sich immer weniger als Individuen, die durch Gesetze und moralische Werte geschützt sind, und immer mehr als Versuchskaninchen in einem gigantischen Experiment, bei dem gemessen wird, inwieweit wir endlose politische und moralische Herausforderungen erdulden können. Obendrein erlebt der Westen, wie lähmend es ist, Tragödien mitanzusehen, wenn diese von clownesken, manchmal gar Darth-Vader-artigen politischen Gestalten mit Absurditäten vermischt und mit skrupellosen Lügen serviert werden. Inzwischen wissen wir alle, wie sehr das Bombardement von Schamlosigkeit aus den oberen Etagen der Politik uns abstumpft und die Rücksichtslosigkeit im Alltag verstärkt. Die Unmoral hüllt sich in eine kulturelle und politische Identität und heftet sich das Etikett »Wir, das Volk, entscheiden selbst« an. Wie man 2020 in der Pandemie gesehen hat, kann dieser Wahnsinn Hunderttausende von Menschenleben kosten.

Das einzig Gute an diesem weltumspannenden politischen und moralischen Irrgarten ist, dass wir inzwischen alle darin stecken. Kein Land bleibt verschont. Deshalb sollten wir tunlichst zusammenhalten und den Ausgang gemeinsam suchen. Umso mehr schmerzt es mich jedes Mal, wenn Menschen in anderen Ländern, die den Irrgarten erst seit Kurzem von innen kennen, genau die gleichen Fehler begehen, während sie nach der Hoffnung fragen.

Meine Verärgerung ist aber bei weitem nicht das größte Problem. Seit uns diese turbulenten Zeiten die hässlichsten und durchtriebensten Repräsentanten der Menschheit bescheren, taucht früher oder später der gefährliche Gedanke auf, ob der Mensch nicht vielleicht von Natur aus böse sei. Je weiter diese virulente Frage um sich greift, umso stärker beschädigt sie unseren wichtigsten Beweggrund zu leben und zu handeln. Man kann es mit der Szene in Luc Bessons Film *Das fünfte Element* vergleichen, in der Leeloo, die die Welt retten soll, von der Grausamkeit der Menschen erfährt und zu dem Schluss kommt, dass sie keine Rettung verdienen. In unserem Fall dürfte ein leidenschaftlicher Kuss von Bruce Willis nicht ausreichen, um uns vom Gegenteil zu überzeugen, denn es wächst eine neue Generation heran, die bezweifelt, dass die Menschen das gleiche Existenzrecht besitzen wie andere Spezies. Und es wird nicht einfacher, sie eines Besseren zu belehren, wenn die unmoralischen Repräsentanten der Menschheit und ihre fanatische Anhängerschaft ständig ausloten, was wir moralisch noch verkraften.

Bei einem Vortrag während des Edinburgh Festival stürzte ich mich mit aller Kraft in diese Überzeugungsarbeit. Nachdem ich dem Publikum gesagt hatte, dass es mit Hoffnung allein nicht getan sein werde und uns nur unsere innere Entschlossenheit, Schönes zu schaffen, retten könne, glaubte ich meine Pflicht erfüllt zu haben. Nach der Veranstaltung kam jedoch eine Frau mit wunderschönen grauen Haaren auf mich zu. Um den Hals trug sie ein Kettchen mit Kreuz.

»Seien Sie nicht so ungnädig mit den Leuten, wenn sie um Hoffnung bitten«, sagte sie, ohne mit dem Austausch der zwischen Autoren und Leserschaft üblichen Nettigkeiten Zeit zu verschwenden. Sie kam sofort zur Sache. Und ich dann auch.

»Mich oder vielmehr die ganze Welt zerreißt es gerade«, sagte ich, »und wir können weitaus mehr tun, als nur um Hoffnung zu bitten. Was, wenn es keine Hoffnung gibt? Legen wir uns dann hin und fügen uns in unser Schicksal? Oder – und diese Frage ist noch gefährlicher: Was, wenn es Hoffnung gibt? Wären die Leute überhaupt bereit, alles Nötige zu tun?«

Die Frau ergriff sanft meine fuchtelnde Hand und drückte sie mitfühlend, aber fest, so als würde sie einen Vogel einfangen, der sich in ein Zimmer verirrt hat. Sie gehörte zu den rar gesäten Frauen, die sich jede Falte im Gesicht verdient haben. »Die Leute meinen doch etwas ganz anderes, wenn sie von Hoffnung sprechen«, sagte sie. Dann legte sie meine Hand auf den Tisch, als wollte sie mir ein Geheimnis anvertrauen. »Denken Sie über den Glauben nach.« Als sie sah, dass ich mit einem überheblichen Schmunzeln auf ihr Kreuz blickte, fügte sie nachsichtig lächelnd hinzu: »Nicht den religiösen.«

Und ich dachte darüber nach.

»Wir stellen uns jetzt in die Mitte des Terminals und drehen uns mit geschlossenen Augen im Kreis. Wenn wir stehen bleiben, machen wir die Augen auf, und die erste Stadt, die wir auf den Werbetafeln vor uns sehen, in die fahren wir.«

Die Idee zu dieser Mutprobe kam mir im Frühling 1991. Ein paar Freundinnen und ich, alle vom Jurastudium gelangweilt, hatten sich zum zentralen Busbahnhof in Ankara aufgemacht. Die Herausforderung bestand darin, von dem zufälligen Ziel wieder nach Hause zu kommen. Unser Geld reichte nur für die Hinfahrt; der Rest hing von unserer auf grenzenlosem Selbstbewusstsein basierenden Überlebensstrategie ab. Als die schicksalsschweren Pirouetten vollführt waren, stand der Bestimmungsort fest: Trabzon am Schwarzen Meer, nicht weit von der Grenze zur Sowjetunion entfernt, eines Staats, der kurz zuvor zusammengebrochen war. Und tatsächlich – keine zwölf Stunden nachdem wir uns in Ankara auf der Stelle gedreht hatten, flanierten wir über einen eilig aufgebauten neuen Flohmarkt, von den Einheimischen »russischer Basar« genannt. Auf ihm verwandelte ein gefallenes Regime die Alltagshabe eines Volks in Souvenirs des gescheiterten Sozialismus.

Seit dem Zusammenbruch der UdSSR galten die Orden, für die Menschen gestorben waren und getötet hatten, als coole Accessoires an Studentenjacken – und Gott weiß, was aus den vielen Gasmasken geworden ist. Zwischen klobigen Thermometern, dicken Pelzen und Uniformgürteln lagen einzelne Ohrringe aus Keramik, bemalte Kannen, in denen noch Teeblätter klebten, und Untertassen ohne Tassen. Die abrupte geschichtliche Wende hatte den Leuten nicht einmal Zeit zum Geschirrspülen gelassen. Die ungewöhnliche Stille auf dem Basar hing nicht nur damit zusammen, dass die freie Marktwirtschaft für die Händler noch ganz neu war, sondern auch damit, dass diese nun vor der Aufgabe standen, schlicht ihr Leben zu verhökern.

Plötzlich spürte ich einen Atemhauch im Nacken.

»Hey, Natascha, Sex?«

Die Flüsterstimme des jungen Mannes klang so schmierig, dass ich mir am liebsten das Ohr sauber gewischt hätte. Als ich seinen lüsternen Blick sah, wich ich zurück und sagte hastig: »Ich bin keine Russin.« Die Entschuldigung erfolgte umgehend: »Oh, tut mir leid, Schwester.« Natascha – so wurden käufliche russische Frauen üblicherweise genannt. Ich aber hatte das Glück, Tochter einer offiziell nach wie vor lebensfähigen Ideologie zu sein: des Kapitalismus. Somit war ich nicht auf dem Markt. Ich war in Sicherheit.

Die Frauen auf dem Basar ließen sich plötzlich nicht mehr von der ausgelegten Ware unterscheiden; ihre Preisschilder waren sichtbar geworden. Die anfangs melancholische Stille bekam etwas Abstoßendes. Während westliche Thinktanks unter dem Motto »Der Sozialismus ist tot« Freudenfeste feierten und sich der eine oder andere geschäftstüchtige russische Bandit in einen Jung-Oligarchen verwandelte, gab es in den Ländern rings um die frühere UdSSR auf Märkten wie dem in Trabzon auch die Männer, die nur ein einziges Döschen Kaviar und eine Flasche russischen Wodka feilboten. Mit leerem Blick rauchten sie ihre billigen Zigaretten, und ihre Marxistenbärtchen waren über Nacht zum Kostümzubehör eines Historienschinkens geworden. Wer diese Tage miterlebt hat, wird sich immer daran erinnern, dass das Einzige noch Schlimmere als der Tod eines Handlungsreisenden seine erzwungene Frühgeburt war.

»Der Kapitalismus braucht einen Neustart«, verkündete die *Financial Times* auf ihrer Titelseite.

Das klang eher wie eine flehentliche Bitte an die nachlässigen Götter des Geldes. Obwohl die klugen Männer der freien Marktwirtschaft bei ihren vertraulichen Gipfeltreffen schon seit Jahren davon gesprochen hatten, dass der Kapitalismus in einer Sackgasse stecke, schlug diese öffentliche Ansage wie eine Bombe ein. Als hätte die Zeitung allein durch die Wahl des Wortes »Kapitalismus« zugegeben, dass es sich dabei nur um ein endliches wirtschaftliches und politisches Modell handelte, nicht um den naturgegebenen Zustand der Welt. Es klang geradezu wie ein Geständnis des Kapitalismus selbst: Es gibt ein Leben jenseits dieses Modells, oder doch zumindest jenseits dieser brutalen Version des Modells.

Obwohl mehr und mehr Menschen klar wird, dass wir den Kollaps eines Wirtschaftsmodells erleben, mag die Frage noch immer surreal klingen: Wie sähe wohl ein Flohmarkt des zusammengebrochenen Kapitalismus aus? Ich gehe jede Wette ein, dass dort neben den Milliarden vollkommen unnötiger Sachen stapelweise Ratgeberliteratur zum Thema individueller Erfolg und genauso hohe Berge von Büchern zu finden wären, in denen steht, dass Scheitern okay ist. Die zwei größten Stapel aber bestünden aus Werken, die versuchten, Hoffnung neu zu erfinden, und aus Dystopien ohne jede Hoffnung. Und ich sehe uns hilflos lächelnd vor diesen beiden Andenkenhaufen stehen, die sich gegenseitig praktisch aufheben. Wir, das Volk, würden dabei aussehen wie – nun ja, nicht viel anders als heute: verloren und ratlos, Opfer eines gescheiterten Projekts. Gut möglich, dass wir dann nur dank unserer Instagram-Filter noch immer besser aussehen als jene ehemaligen Sowjetbürgerinnen und -bürger auf den russischen Basaren. Früher oder später müssten wir jedenfalls erkennen, dass es erstens der Verlust jeder Orientierung ist, der die Menschen innerlich zerreißt, und zweitens der Glaube an unsere Fähigkeit, neue Orientierung zu finden. Genau deshalb stellen wir uns heutzutage die Frage »Ist der Mensch böse und daher überflüssig?«. Genau deshalb verlieren wir den Glauben an die Menschheit.

»Glaube« ist das einzige Wort, das sämtliche scheinbar zerrütteten Prinzipien umfasst: Selbstachtung, Zuversicht, Vertrauen. Allerdings zwingt uns das Wort »Glaube« zu einer Gratwanderung zwischen der Dichtung und dem Nebelreich der Theologie. Beide Felder erfordern ein Vokabular, das mein kleines Buch nicht bieten kann. »Glaube« klingt deshalb religiös, weil Gott beziehungsweise Götter jahrtausendelang zum Leitstern der menschlichen Glaubensfähigkeit gemacht wurden. Es war einfacher, dem Mystizismus das Monopol über das Prinzip Glaube zu überlassen, weil unsere Fähigkeit zu glauben für die weltliche Sphäre zu beängstigend ist. Schon das Wort selbst birgt ein gefährliches, beinahe explosives Potenzial in sich. Deshalb war es schon immer sicherer, diese grenzenlose innere menschliche Kraft mit dem Göttlichen zu ummänteln und ihre Quelle irgendwo jenseits unserer sterblichen Ichs anzusiedeln.

Die Linke hat meist Distanz zum Glauben gewahrt und ihn

sogar belächelt (so wie ich in Edinburgh das Kreuz der Frau), weil das Wort »Glaube« ungeachtet aller philosophischen Begründungen leicht außer Kontrolle gerät. Es stiftet eine gefährliche Beziehung zwischen den Sterblichen, verwandelt sie in blinde Anhänger und – nicht selten – in grausame Bestien. Nur indem wir die Idee »Gott« als unsere eigene Erfindung anerkennen – als etwas, das man nicht besudeln kann, wodurch es in unserer herzlosen Welt zum sichersten Mittler zwischen uns und den anderen wird –, könnte es gelingen, den Glauben in unsere weltliche Realität einzubinden.

Ich belasse also Gott im Reich der Dichtung und der Theologie und versuche es lieber mit so etwas wie dem störenden Knuff, den wir jemandem versetzen, der im ach so schön warmen Schnee des Zynismus und der Depression einzuschlafen droht. Hier ist eine weitere Mutprobe, mit der diese Ausführungen über den Glauben im Menschen getestet werden sollen – diesmal an einem heiligen Ort: in der Basilika Palatina di Santa Barbara in der altehrwürdigen italienischen Stadt Mantua.

Jedem Menschen aus der Welt des sunnitischen Islam erscheint es nahezu unvorstellbar, an einem sakralen Ort einen Vortrag über ein politisches Buch zu halten. Und für eine Frau, die die Moschee nur durch eine Seitentür betreten darf und sich vor der männlich dominierten Gemeinde verbergen muss, ist es besonders befremdlich, wenn sie eine Kirche betritt und am Altar begrüßt wird. Aber hier sitze ich nun in dieser Basilika aus dem 16. Jahrhundert und mache die gewöhnungsbedürftige Erfahrung, den Hall meiner eigenen Stimme zu hören, während ich sage: »Ich glaube nicht an Gott, sondern an die Menschen.«

Selbst als ich behaupte, dass wir keine Religion brauchen,

um aneinander zu glauben und uns zu vertrauen, verleiht der Nachklang meinen Worten etwas Spirituelles. Als ich vom »Glauben an die Menschheit« und von der »Schönheit des Menschlichen« spreche, verwandelt sich die anfangs auf der gewöhnlichen Neugier einer Zuhörerschaft basierende Stille in das freudige Zusammengehörigkeitsgefühl einer Gemeinde. Ich höre Seufzer der Erleichterung.

Aber wir sind ja auch in Italien. Als der Rest der westlichen Welt in Bezug auf politischen und moralischen Wahnsinn noch ahnungslos war, hatten die Italiener Silvio Berlusconi, der Boris Johnson an Unterhaltsamkeit und Donald Trump an Gefährlichkeit weit übertraf. Italien war das erste europäische Land, das die scharfe geschichtliche Wende erlebte, während der Rest der westlichen Welt das Ganze für eine kurze mediterrane Eskapade hielt. Die Italiener haben es satt, sich für die schlimmsten Politiker als Repräsentanten ihres Landes schämen zu müssen – was trotz des kühleren Klimas inzwischen auch für die Bewohner der ältesten Demokratien und wirtschaftlich erfolgreichsten Staaten gilt.

Als ich vom Altar hinuntersteige, lächeln mich alle an, und in manchen Augen stehen Tränen, sodass ich mir einen Moment lang wie ein zwielichtiger Fernsehprediger vorkomme. Doch mein Zynismus schwindet, und mir wird bewusst, dass so etwas passiert, wenn man mit der Sprache eine Herzmassage durchführt, um das menschliche Herz wieder in Gang zu bringen, das vor Jahrtausenden die Götter erfand – und noch davor den Glauben selbst. Er ist der einzige Mechanismus im Menschen, mit dem sich unser tief sitzendes Versagensgefühl und der daraus resultierende Selbsthass kurieren lassen. Denn auch nach Hunderten von Katastrophen und Tausenden von Tyrannen, nach all den Situationen, in denen unsere Menschlichkeit verloren zu sein schien, funktioniert er noch immer.

Er ist kein richtungsloses »Yes, we can«, sondern erinnert die Menschen an ihre Fähigkeit, eine neue Richtung zu finden – und an die Notwendigkeit, der eigenen Kraft zu vertrauen. Das Wort »Glaube« hat den Vorteil, dass wir es bereits kennen, dass es keines Beweises bedarf und nicht widerlegt werden kann.

»Haben Sie noch Hoffnung für Ihr Land?«, fragte ein Journalist die iranische Schauspielerin Golshifteh Farahani, als sich ihre Heimat wieder einmal gegen den islamischen Totalitarismus auflehnte.

Sie schwieg, und einen Augenblick lang sah es so aus, als würde sie sich über die Frage ärgern. Dann sagte sie: »Ich kann nicht hoffen, dass Feuer brennt. Ich kann nicht hoffen, dass Wasser fließt. Der Mensch will frei sein, das ist seine Natur. Der Iran wird frei sein.«

Verständlich, dass eine so mutige Frau, die ihr Land verließ, um ihren Traum zu verwirklichen, den Drang nach Freiheit für einen wesentlichen Bestandteil des menschlichen Charakters hält. Sieht man sich aber viele unterschiedliche Leute an, wird klar, dass der Beweis für die Existenz so hoher Werte im Menschen schwierig zu führen ist. Sobald man den Glauben an die Menschheit auf derartig hohe Erwartungen gründet, wird es heikel. Ich sage das nicht, weil ich das radikal Böse im Menschen schlummern sehe, sondern weil wir oft so unerträglich banal, mutlos und duldsam sind. Das Verständnis von der menschlichen Natur darf sich nicht auf die faktischen Menschen beschränken, ganz gleich ob sie aufreizend mittelmäßig oder bewundernswert inspirierend sind. »Da muss mehr sein«, sagt mir mein Drang, an den Menschen zu glauben – und damit an Sie.

»Das ist eine der beliebtesten Attraktionen, die unsere Stadt zu bieten hat!« Die sympathische ehrenamtliche Mitarbeiterin am Bücherstand des Festival of Ideas erzählt mir von einem Rundgang unter dem Motto »Das nicht gebaute Bristol«. Auf dem Flyer, den sie mir überreicht, steht: »Besichtigen Sie mit dem Heimatforscher Eugene Byrne Dinge, die es nicht gibt.« Byrne, Autor eines Buchs mit gleichlautendem Titel, führt die Teilnehmer zu nie verwirklichten Projekten. Man sieht sich also einen ganzen Tag lang Dinge an, die nicht existieren. Der Flyer empfiehlt bequeme Schuhe und viel Fantasie.

Die Frage ist nicht, was es zu sehen gibt, wenn nichts da ist, sondern ob die nicht gebaute Stadt tatsächlich nicht existent ist, wenn man in ihr herumspazieren kann. Auf die ganze Welt übertragen: Soll die Menschheit wirklich nur nach ihren dokumentierten Errungenschaften und Fehlschlägen beurteilt werden, oder gebietet es nicht die Fairness, auch ihre Absichten miteinzubeziehen?

Die Tatsache, dass viele Projekte nie verwirklicht wurden, macht die Absichten von Menschen nicht weniger real, solange man sie anerkennt. Wollte man einen »Rundgang durch die nicht gebaute Welt« organisieren, bräuchte man mehr als nur bequeme Schuhe und ein bisschen Fantasie. Um die Entschlossenheit zu sehen, mit der Menschen Schönes geschaffen haben, bedürfte es einiges Mitgefühls und moralischer Überzeugung. Eine solche Grundeinstellung wäre auch für den heutigen Menschen überaus hilfreich, denn trotz seines gern zur Schau gestellten Zynismus trägt er insgeheim noch immer einen verzweifelten Glauben in sich. Das zuzugeben fällt ihm nicht leicht. Er ringt mit dem Wort »Hoffnung«, wehrt sich gegen sein Glaubensbedürfnis und ist damit gar nicht so anders als ich.

Eine Gruppe von New Yorkern, die frühmorgens Hakenkreuze von den Fenstern der Subway kratzen; ein alter Mann, Analphabet, der in einem anatolischen Kaff Feuerholz zu einer von ihm gegründeten Kinderbibliothek trägt; Tausende libanesischer Demonstranten, die ein Kleinkind, dessen Mutter mit dem Auto im Verkehr stecken geblieben ist, mit »Baby Shark« in den Schlaf zu singen versuchen; Hongkonger Bürger, die ihre Freunde aus dem Griff schwer bewaffneter Polizisten befreien; Chileninnen, die sich tanzend gegen Polizeigewalt wehren; irische Schulkinder, die sich organisieren, um ihren nigerianischen Freund vor der Abschiebung zu bewahren: Dies sind nur wenige Beispiele von vielen Hunderten, die in den letzten Jahren in den sozialen Medien geteilt wurden. Wir teilen sie, weil wir an das Menschliche glauben wollen und um diesen Glauben immer wieder zu erneuern, indem wir seine Entschlossenheit bezeugen, etwas Schönes zu erschaffen. Wenn wir Postings teilen, in denen x-beliebige Leute das Richtige tun, versuchen wir gewissermaßen, die Medien von ihrer Versessenheit auf die Absurditäten und Tragödien zu heilen, von denen sie überquellen. Die Beliebtheit solcher Postings und die wehmütige Freude, die wir beim Teilen solcher Ereignisse empfinden, sind nur ein Beweis von vielen für unser unstillbares Bedürfnis und unsere nie schwindende Fähigkeit, an den Menschen zu glauben.

Man könnte meinen, das Schwierigste an diesem Glauben bestünde darin, dass er eine enorm starke moralische Überzeugung voraussetzt oder man anderen mehr vergeben müsste, als die Frommen Gott vergeben. In Wirklichkeit liegt die größte Herausforderung an einer anderen, scheinbar weniger wichtigen Stelle: in Ihnen. Dort findet die größte Mutprobe überhaupt statt.

»Sit autem puero huic incredibili conscius, sine fine amore et roboris habitat. Sit huic puero nisi obviam populo …«

Ich stehe in meiner Wohnung in Zagreb und lese einen lateinischen Text von einem Blatt Papier ab. In der Mitte des Zimmers liegt der kleine Valentino in den Armen seines Vaters Victor, eines Spaniers, und seiner Mutter, meiner engen Freundin Burcak. Beide kichern. Doch das alberne Ritual dreht sich um ein ernstes Versprechen: Ich werde Valentinos weltliche Patin. Und so lauten die Worte, die uns künftig miteinander verbinden:

Möge Valentino auf allen seinen Wegen Freude, Wohlstand und Glück mit sich bringen. Möge er die ganze Welt kennenlernen und die Menschen besser verstehen, als es seinen Vorfahren gelang. Heute, liebes Kind, werde ich mit Zustimmung deiner Eltern deine weltliche Patin und verspreche hiermit, dich den Rest meines Lebens hindurch zu beschützen, zu leiten und deine Gefährtin zu sein.

Gegen Ende der Zeremonie wehrt sich der neun Monate alte Valentino brüllend und mit fassungsloser Miene gegen den schaurigen Kirchentonfall, mit dem ich Taufszenen aus irgendwelchen Filmen nachahme. Und je mehr er das Gesicht verzieht, umso lauter lachen wir, die gemeinen Erwachsenen.

Dabei gibt es hier gar nichts zu lachen. Vielmehr ist es eher tragisch, dass Leute wie wir, die an den Menschen glauben wollen, keine strukturierten nichtreligiösen Rituale haben, mit denen wir uns etwas versprechen können. Einem Kind zu versprechen, dass man immer da sein wird, ist eine sehr ernste Sache und für mich ein gewaltiger Schritt, wenn ich bedenke, dass ich nicht mal die Tauben an meinem Fenster füttere, weil ich Angst habe, sie eines Tages enttäuschen zu müssen. Mein

Versprechen beinhaltet nicht nur die Verpflichtung, für Valentino da zu sein, sondern ich muss auch an mich glauben, um diese Aufgabe zu erfüllen.

Das, meine Freunde, ist die größte Mutprobe, der ich mich je unterzogen habe. In den Krieg ziehen, den Tod oder andere Gefahren im Leben riskieren ist nichts im Vergleich zu der Angst, die ein solches Wagnis begleitet. Das Schwierigste und das Göttlichste – darf ich das Wort verwenden? –, was einem der Glaube an den Menschen abverlangt, ist der Glaube an sich selbst.

Ich weiß nicht, ob die grauhaarige Frau in Edinburgh all das gemeint hat, als sie mir riet, über den Glauben nachzudenken. Doch mittlerweile verstehe ich, dass es sinnlos ist, gegen die magische Kraft des Menschlichen anzukämpfen, die allein durch den Glauben entsteht. »Hoffnung« ist nur ein verzagtes Codewort für dieses Bedürfnis nach Glauben. Die politischen Bewegungen, die den Menschen heute eine neue Richtung aufzeigen oder einen Ausweg aus dem politischen und moralischen Irrgarten weisen wollen, sollten das Bedürfnis und die Fähigkeit der Menschen, zu glauben, nicht ignorieren. Das Wort »Glaube« mag explosiv sein, aber es steckt nun einmal im Kern der Frage nach dem politischen Handeln. Wir müssen uns mit der Tatsache arrangieren, dass, wenn alles andere verloren ist, der Glaube das einzige Handlungsmotiv ist und sein kann.

Denn das Glauben verleiht uns die Fähigkeit, Versprechen zu geben, und die Entschlossenheit, sie zu erfüllen – alles mögliche Schöne entstehen zu lassen. Ich tätschle Ihnen nicht die Hand, während Sie in der Speisekarte des Restaurants Hoffnung lesen, sondern nehme Ihnen die Hoffnungs-Karte weg, tippe mit dem Finger auf Ihre Brust und sage: »Ich glaube an dich, und du kannst an mich glauben. Du musst es sogar.«

2
DIE GANZE WIRKLICHKEIT

Der Käfig ist so klein, dass der Bär darin kaum Platz hat. Er stößt den Kopf gegen die Metallstäbe. Frisches, glänzendes Blut sickert unter altem braunem Wundschorf hervor, und aus seinem weit aufgerissenen Maul dringt unhörbares Gebrüll. Der Pelikan mit dem gebrochenen Flügel, den er hinter sich herzieht, hat mich zu dem Bären geführt, und nun betrachten wir ihn gemeinsam. Die Knopfaugen des Vogels – die einzigen Lebenszeichen in seinem mit Schlamm verkrusteten Körper – flackern zwischen seinem Freund und mir hin und her. Ich muss die Sprache der Tiere nicht beherrschen, um den Schrei zu hören. »Hilfe!«

Für Journalisten, Spione und andere Stammgäste in kriegsgeschundenen Ländern war das Hilton der sicherste Ort in Erbil, Nordirak. Die frischen, von Panzerabwehrraketen stammenden Einschusslöcher im Mauerwerk bildeten einen harten Kontrast zum aufgesetzten Grinsen der schwer bewaffneten kurdischen Milizionäre vor dem mit Sandsäcken geschützten Tor. Wenige Tage nach der Hinrichtung Saddam Husseins war es in der Region erneut zu Unruhen gekommen: In öltriefenden internationalen Verhandlungen wurde der Irak umgestaltet.

Gleichzeitig handelten die supranationalen Unternehmer – die einzigen gut gelaunten Leute in solchen Zeiten – in der Dachterrassenbar des Hilton ihre Deals aus und konsumierten ihre Drinks mit Sexarbeiterinnen, die ein turkmenischer Zuhälter von Bagdad nach Erbil geschmuggelt hatte. Während der junge Mann mit dem breiten Brustkorb auf dem Casio-Keyboard für musikalische Untermalung sorgte, geriet seine schief sitzende Perücke immer wieder ins Rutschen – besonders wenn er die Preise für die Frauen aushandelte. Ein gerade »beschäftigungsloses« Mädchen kratzte sich in einer dunklen Ecke wie besessen den Lack von den Fingernägeln und begutachtete seine Hände jedes Mal, wenn die kreisende kleine Discokugel ihr Licht darauf warf.

Wie immer war es die beste Zeit für die wenigen und die schlimmste für alle anderen, doch für den verlassenen Zoo hinter dem Hotel interessierte sich niemand. Hätte ich irgendwem von den beiden verlorenen Seelen erzählt – von dem Bären, der gerade am Wahnsinn zugrunde ging, und seinem stoischen Freund, dem Pelikan –, hätte mir niemand geglaubt, dass es sie wirklich gab. In dem Augenblick, den wir damals durchlebten, war mal wieder kein Platz für wahre Geschichten.

Das riesige Areal namens Wirklichkeit umfasst auch das Reich der Magie – ja, gerade in der Wirklichkeit keimt das Magische aus: die Mohnpflanze, die energisch durch den Beton bricht, die unvergleichliche Kraft eines zarten Neugeborenen, das Graffito, das plötzlich vor uns auftaucht, wenn wir mit hängenden Schultern durch die Straße gehen, und das uns die Antwort auf all unsere Fragen gibt.

In außergewöhnlichen, verstörenden Zeiten wie den gegenwärtigen klingt es vielleicht naiv zu behaupten, die Wirklichkeit sei die wahre Heimat des Magischen. In solchen Zeiten, in denen das Wort »wirklich« eher erschreckt, weil es uns nur den perfekten Shitstorm vor unserem Fenster beschert, machen viele von uns einen heimlichen Deal mit dem Leben. Wir versuchen pausenlos, die optimale Distanz zur Wirklichkeit auszutarieren: nah genug, um uns nicht komplett abzusondern, aber weit genug weg, um nicht verletzt zu werden. Allerdings hat die Wirklichkeit einen unschönen Hang zur Rachsucht. Früher oder später präsentiert sie jedem die Rechnung, der sich in Sicherheit gewiegt und geglaubt hat, er sei sauber geblieben, weil er sich vom Schmutz der Wirklichkeit clever fernhielt.

»Nein, es ist zu spät! Ich kann nicht vergessen, wer er in Wirklichkeit ist, nicht mal beim Sex. Es macht mich verrückt!«

Eine Istanbuler Freundin von mir steckte in einer einigermaßen annehmbaren, ziemlich langweiligen Ehe, die wie viele solcher Ehen ewig halten sollte, bis es eines Tages dann doch aus war.

Sie hatte eine lange Liste »offizieller« Gründe für die Trennung erstellt, die sie neugierigen Verwandten und ihrem weiteren Bekanntenkreis vorlegen wollte, doch das tatsächliche K.-o.-Kriterium war nicht dabei. »Wie konnte er … Ich meine, wie konnte irgendjemand damals *nicht* runter zum Platz gehen? Kein einziges Mal?«, sinnierte sie. Der heimliche Grund für ihre Scheidung waren demnach die Gezi-Proteste.

Im Sommer 2013 hatte mein Land rebelliert. Das Herz der landesweiten, alle Interessengruppen überspannenden Proteste schlug im Gezi-Park am Rande des Taksim-Platzes. Und die Wohnung meiner Freundin lag zufällig fünf Gehminuten von diesem Hotspot entfernt. Obwohl sie sich bis dato damit gebrüstet hatte, völlig unpolitisch zu sein, ging sie immer wieder zum Taksim, manchmal nur um zu schauen, was sich dort tat, manchmal aber auch, um bei den Protesten mitzumachen.

Damals wurde Geschichte geschrieben, und sie wollte dabei sein.

Ihr Mann wiederum, ein Hedgefonds-Manager, fand »das ganze Affentheater« zuerst kindisch, dann gefährlich und generell zu extrem für seinen konservativen Geschmack. Die Fragen, die letztlich zur Trennung führten, waren ganz und gar nicht politisch. Sie waren viel einfacher, aber auch essenzieller:

»Wie kann es sein, dass er nicht wenigstens neugierig ist?«

»Was will ich den Rest meines Lebens mit diesem abgehobenen Mann?«

»Sollen wir uns in einer Burg verschanzen und zusehen, wie das Leben am Fenster vorbeizieht?«

Wenn sie zu beschreiben versuchte, wie sie seine Berührungen empfand, konnte sich meine Freundin nicht zwischen »Ekel« und »Fremdschämen« entscheiden. »Ich kann ihn nicht mal mehr küssen.«

In jenem Jahr, 2013, gingen die Ehen und Beziehungen mehrerer Freunde und Bekannter von mir aus dem gleichen Grund in die Brüche. Doch es entstanden auch viele neue. 2014 mussten dann diejenigen, die sich nicht trauten, mit der Realität in Berührung zu kommen, feststellen, dass sie von denen, die sich trauten, nicht mehr geküsst wurden. Und diejenigen, die den Staub und den Schmutz der Wirklichkeit nicht scheuten, konnten ihrerseits die Würstchen, die sich lieber in ihren Burgen verschanzten, nicht länger ertragen.

Die Würstchen-Haltung zur Wirklichkeit ist jedoch keine rein individuelle Sache. Die meisten von uns sind schon seit Ende der 1970er-Jahre von ihr geprägt, als die Hochkonjunktur der Angst vor der Wirklichkeit einsetzte. Seither zwingt uns das von der dominanten Kultur und einem konservativen Moralempfinden ermächtigte Wirtschaftssystem die Vorstellung auf, die Welt wäre ein unglaubliches Schlamassel, vor dem wir uns alle schützen müssten. In den Achtzigerjahren wurde die bis dahin als unmoralisch geltende Idee, dass wir alle unsere jeweils eigenen, unverdorbenen, individuellen Wirklichkeiten entsprechend unserer Kaufkraft schaffen, das neue Normal. Die Wirklichkeit der Welt bekam nach und nach den Anschein einer unheilbaren Krankheit, an der nur die Armen und Glücklosen leiden mussten. Um gesund zu bleiben, sollten wir hart arbeiten und uns privaten Raum und private Zeit kaufen, damit unsere individuellen Wirklichkeiten ganz und gar von der schmutzigen Bürde der Welt befreit wären.

Die Vorstellung, das politische und moralische Joch des Handelnmüssens los zu sein, war ungemein befreiend. Und bereitete einem in dieser neuen Situation die Ungerechtigkeit noch immer Unbehagen, konnte man sein Gewissen mit Hilfe kleiner Wohltaten beruhigen – indem man beispielsweise online ein paar Münzen spendete oder ein bisschen positive Energie verströmte. Oder indem man Händchen hielt und mantraartig die neue Weisheit unserer Zeit wiederholte: dass es darauf ankomme, zu erkennen, was man verändern könne und was nicht, und Letzteres zu akzeptieren. Das gefährliche Untier Wirklichkeit galt nun als sicher weggesperrt, doch in Wahrheit war uns Menschen der Zutritt zu seinem Reich verwehrt.

Als Ausgleich für die Verbannung aus der Wirklichkeit erhielten wir ein Schweigegeld: eine nie endende Kindheit und das Recht auf ewige Unbeschwertheit. Das dröge Tagesgeschäft Realität erledigten die Erwachsenen. Als die Peter Pans der Geschichte waren wir vielleicht nicht die stolzeste aller Generationen, aber immerhin die mit dem breitesten Grinsen. Wir wussten nicht einmal mehr, dass wir die Zeiten vergessen hatten, in denen es anders zuging. Was frühere Generationen mit weniger Angst vor der Realität durchgemacht hatten, war vollständig aus unserem Gedächtnis gelöscht.

»Aber vielleicht ist es in Wahrheit unmöglich, diese Erinnerung auszulöschen«, sagte ich zu Ali. Nachdem wir uns den ganzen Tag auf dem Tahrir-Platz mit Demonstrierenden unterhalten hatten, saß ich in Alis Wohnung in Zamalek, Kairo, mit meinen neuen ägyptischen und tunesischen Freunden beim Abendessen. Ali und seine Frau Ranwa betreiben seit zehn Jahren die Plattform Arab Digital Expression, die jungen Leuten den Umgang mit der digitalen Welt beibrachte. Viele der neuen prominenten Aktivisten auf dem Platz waren ehemalige Schülerinnen und Schüler von ihnen. Eigentlich wollten wir über die Ereignisse des zurückliegenden Tages diskutieren, doch als ich mir die Bibliothek der beiden ansah, stieß ich zu meiner Überraschung auf etwas sehr Vertrautes.

»Ach, das ist ja *Der kleine schwarze Fisch* von Samad Behrangi! Das war das erste Buch, das mir meine Mutter vorgelesen hat.«

»Mein Vater hat dieses Buch als Erster in Palästina verlegt«, erwiderte Ali mit brüchiger Stimme. Gemeinsam erinnerten wir uns an die Handlung: Der kleine schwarze Fisch verlässt sein Zuhause, um den großen Ozean zu erkunden, lernt andere Tiere kennen und landet schließlich im Kehlsack eines Pelikans. Dort trifft er auf viele kleine Fische, die er zum gemeinsamen Kampf aufruft. Sie verbünden sich miteinander und befreien sich aus dem Sack des grausamen Pelikans … Wie aus einem Mund riefen Ali und ich: »Weil die kleinen Fische gemeinsam stark sind.«

Wir lachten, aber es war ein müdes Lachen, denn unsere beiden Länder blickten auf eine ähnliche Geschichte zurück. Alis Vater war wegen der Publikation solcher Bücher verfolgt worden, und meine Mutter hatte man wegen ihres Kampfs gegen die Pelikane ins Gefängnis gesteckt. Die Launen der Geschichte wollten es, dass wir nun beide, sozusagen als erwachsene kleine schwarze Fische, eine Widerstandsbewegung miterlebten und an die Geschichten der blutigen Siebzigerjahre zurückdachten, als Menschen wie wir aus der vorangegangenen Generation überall auf der Welt getötet, inhaftiert, ins Exil geschickt und gefoltert worden waren, weil sie ein System ablehnten, in dem große Fische kleine Fische fressen oder die Pelikane aufgrund ihrer Macht im Recht sind. Da schwammen wir beide nun wieder, zwei Menschen aus zwei verschiedenen Ländern, und versuchten die Realität zu verändern. Das war keine Magie; das war die Wirklichkeit.

Acht Jahre später las ich in Brüssel der neunjährigen Nova das Buch vom kleinen schwarzen Fisch als Gutenachtgeschichte vor. Ich hatte es ihr zum Geburtstag geschenkt, es komischerweise bis dahin aber noch nie selbst gelesen. Die Geschichte war genauso schön, wie ich sie in Erinnerung hatte, und ich versuchte meinen Vortrag genauso lebhaft zu gestalten wie meine Mutter früher – vor allem in der Passage, in der der kleine schwarze Fisch den Kampf der anderen kleinen Fische gegen den Pelikan organisiert.

Beim Vorlesen hatte ich aber immer schon den weiteren Text im Blick und stieß dabei auf einen Satz, der mir völlig neu war: »Und der kleine schwarze Fisch kehrte nicht mehr nach Hause zurück, und niemand hörte je wieder von ihm.« Ich lachte bitter auf – was das Kind vermutlich ein bisschen erschreckte – und schwieg für einen Moment.

Nova, mein kleiner Fisch, wollte unbedingt wissen, wie es ausging. »Und dann? Was war dann?«

Ich beendete die Geschichte folgendermaßen: »Der kleine

schwarze Fisch kehrte nach Hause zurück und erzählte allen von den wunderschönen Dingen, die er im großen Ozean gesehen hatte. Und alle Fische lauschten gebannt.«

Offenbar hatte mir meine Mutter vierzig Jahre zuvor weisgemacht, das Buch hätte ein Happy End – eine raffinierte Art, das Schicksal eines kleinen Mädchens als Geschichtenerzählerin zu besiegeln, das Kind zu einem Menschen zu formen, der der Realität hinterherjagt, um etwas von der Magie zu erhaschen. Ich beschloss, es wie meine Mutter zu machen und ihr Ende vorzulesen, weil ich hoffte, dass Nova selbst einmal ein kleiner Fisch ohne Angst vor der Realität sein und nicht auf der Seite der Macht, sondern auf der des Rechts stehen würde. Schließlich passiert es nicht oft, dass die Realität einem den Ball zuspielt und man ein Tor für das Magische und Schöne erzielen kann. Dann muss man, wenn möglich, treffen wie Maradona – und sei es mit der Hand Gottes. Ich bin ebenso Teil dieser Realität, wie es Alis Vater und meine Mutter einst waren. Doch selbst wenn uns die Realität keine Chance zu einem solchen Abstaubertor gegen die Herrschaft der Grausamen gibt, kann man den Ball immer noch dribbeln. Der Schmerz, den die Realität verursacht, lässt sich nur in ihr lindern – selbst dann, wenn diese Realität keine Gutenachtgeschichte ist, sondern ein veritabler Shitstorm.

Der weiße Papagei im Käfig ist ziemlich selbstdestruktiv veranlagt. Er rupft sich die Federn aus – oder was davon übrig ist – und schimpft dabei auf Arabisch vor sich hin. Das könnte an der Unzufriedenheit mit seinem Wohnort liegen.

Der arme Papagei lebt nämlich in Sur, an der Grenze zwischen Israel und dem Libanon, und jetzt, im Sommer 2008, sind die Zeiten wieder mal unruhig. Der Käfig des Vogels steht im Orange House, einem kleinen, von zwei mutigen

Frauen geführten Hostel. Der Strand vor dem Haus erstreckt sich zwischen zwei miteinander verfeindeten Ländern und liefert beiden Armeen den Sand für ihre Sandsäcke. *Caretta caretta*, die Unechte Karettschildkröte, legt dort ihre Eier ab, und die beiden Frauen schützen diese Eier, vor allem vor den libanesischen Soldaten, die ihr tägliches Training im Vorgarten des Hostels absolvieren. Und weil diese ganze geopolitische Last dem Papagei offenbar zu viel ist, wird er vor unseren Augen kahl und flucht, was das Zeug hält. Ein tragikomischer Anblick, über den ich am liebsten lachen würde. Doch das verkneife ich mir. Ich will den Vogel nicht demütigen.

Abgesehen von den wütenden Lauten des Papageis ist es ganz still – und Stille ist im Nahen Osten reiner Luxus. Die Sonne knallt auf die kleine Bananenplantage zwischen dem Orange House und dem Strand. Im Zusammenhang mit den Bananen fällt mir ein, was mir bei meinem ersten Besuch im Libanon 2006, gleich nach dem Angriff der Israelis auf Beirut, eine alte Frau erzählt hat: Bananen gäben beim Wachsen Töne von sich, und wenn es ansonsten still sei, könne man in einer Bananenplantage Laute hören, die wie *tschuk tschuk tschuk* klängen. Ich frage die Hostel-Besitzerin, ob das wahr ist.

»Ja, das stimmt«, antwortet sie und imitiert das Geräusch. Dann deutet sie in gespieltem Ärger auf den Vogel mit dem schütteren Federkleid. »Wenn der da drüben endlich mit dem Fluchen aufhören würde, könntest du es hören.«

Plötzlich verstummt der Papagei, doch nur um gleich darauf die Bananentöne zu imitieren.

»Tschuk tschuk tschuk ...«

Wir lachen schallend – ich herzlich, sie erschöpft. Seufzend steht sie auf, um zum Strand zu gehen und sich den nächsten Streit mit den libanesischen Soldaten zu liefern. Mit federnden Schritten zieht sie los. Man könnte ihre Freude mit Glück verwechseln. Doch wer dicht genug an der Realität ihres Lebens ist, wird erkennen, dass diese Freude schlicht darin besteht, voll und ganz lebendig zu sein. Glück zählt hier nicht, aber Freude gehört genauso zur Realität wie Wut und Zerstörung.

Was verpassen wir alles, wenn wir uns das Erleben dieser Freude bewusst entgehen lassen, indem wir jede Verwundung durch die Gegenwart zu vermeiden suchen? Lässt sich so etwas bemessen? Ich weiß das wahrscheinlich deshalb nicht, weil ich einfach so bin, wie mich Ghassan, ein Freund aus Beirut, einmal beschrieben hat: »Eine von den Verrückten, die zur Scheiße hinlaufen, anstatt sich vernünftigerweise davon fernzuhalten.« Zufällig entspricht diese ungute Angewohnheit der Grundeinstellung jedes Geschichtenerzählers. Nach meiner Abreise aus dem Orange House begann ich gleich am nächsten Tag mit der Arbeit an meinem ersten Roman, *Banana Sounds*, in dem ich mir vorzustellen versuchte, welche Geräusche im Nahen Osten zu hören wären, wenn sie der Kriegslärm nicht längst übertönen würde. Ich hätte mir eine solche Stille in einem solchen Land wohl kaum vorstellen können ohne den Mut der Frauen vom Orange House, die ganz allein eine gesamte Armee zum Schweigen brachten, um ein paar Eier zu schützen.

Während meines Aufenthalts in Beirut machte ich die Erfahrung, dass man nach einer bestimmten Zeit sogar den Krieg vermissen kann. Nicht das Blut und den Tod, aber seine nackte Wirklichkeit. Genauer gesagt fehlt einem plötzlich jene ganz und gar lebendige und wagemutige Version des eigenen Ich, die in solchen Zeiten zum Vorschein kommt. Denn auch wenn wir es lieber für uns behalten, gieren die meisten danach, in einer wahren Story vorzukommen. Nicht um der interessanteste Gast auf der Cocktailparty zu sein, sondern um dem Leben einen Sinn zu geben, um ihre wahren Grenzen kennenzulernen und ihr moralisches Gewicht zu prüfen.

Unsere Angst vor der Realität und die heimlichen Deals, die wir mit uns selbst abschließen, damit die optimale Distanz zur Wirklichkeit gewahrt bleibt, beruhen womöglich also zum Teil auf der Angst, wir könnten in dieser Wirklichkeit unser wahres Ich sehen. Wir befürchten, in einer echten Prüfung sowohl moralisch als auch körperlich zu versagen. Dieser Angst wegen rufen wir unseren Bildschirmen »Es reicht!« zu, wenden uns ab und schalten sie aus. Die Scham angesichts unserer Gleichgültigkeit kommt uns kontrollierbarer vor als die Gefahr, an einer Begegnung mit der Realität zu zerbrechen.

Unsere Beziehung zur Welt besteht dann allerdings nur noch in dem bangen Blick, den wir gelegentlich darauf werfen. Hektisch versuchen wir unser eigenes Glück und unseren Schutz zu sichern und vergessen dabei zweierlei: dass wir auch das Magische brauchen, um das Leben nicht als ein bedrohliches Reich des Schreckens wahrzunehmen, und dass das Magische nur dann sichtbar wird, wenn wir uns in greifbare Nähe zur Wirklichkeit begeben. Distanz verstärkt nur unsere Angst, und die Realität ist immer weniger schrecklich, als sie aus der Ferne erscheint. Der Mensch, als der wir uns im Kontext der Realität erweisen, ist immer stärker, als wir ihn uns haben träumen lassen.

Diese Tatsachen werden leicht vergessen in einer Welt der zahllosen Gelegenheiten, nicht nur widerwillige Zuschauer einer erbarmungslosen Realität zu sein, sondern auch als Darsteller zu agieren, die in Konkurrenz miteinander der »Realität« anderer die Show stehlen. Es ist vollkommen normal geworden, sich ein solches Darsteller-»Selbst« überzustülpen. Diese Entwicklung erfolgte so schnell, dass Eltern, denen man in ihrer Kindheit beigebracht hat, die böse, ganz von sich eingenommene Königin mit ihrem »Spieglein, Spieglein an der Wand« zu verachten, inzwischen Kinder haben, die nicht nur permanent ihr eigenes Gesicht betrachten, sondern sogar Geld damit verdienen. Vor vierzig Jahren hätten wir Mitleid empfunden, wenn Leute auch noch krampfhaft gegrinst hätten, während sie zwischen zwei Werbetafeln eingezwängt herumliefen. Dass heute Kinder auf ihren Social-Media-Accounts vortäuschen glücklich zu sein, gilt als völlig normal.

Dieser Veränderung liegen weder bewusste Entscheidungen von uns zugrunde, noch sind sie Ergebnis einer sichtbaren Unterdrückung. Wir waren schlicht gezwungen, unser Leben entsprechend neu zu gestalten, um in einer Welt überleben zu können, in der sich jede Einheit, vom Staat bis zum Individuum, in ein Unternehmen verwandeln musste, weil der aktuelle Zustand der Gesellschaft schlicht keine andere Struktur zulässt. Alles, was nicht wie ein Unternehmen agiert, ist zum Untergang verdammt. So gesehen wirkt die Menschheit eindeutig unecht, egoistisch und profitorientiert – eine Ansammlung von Wesen, die sich nicht nur freiwillig in Selfie-Videos produzieren, sondern obendrein rund um die Uhr und sogar dann, wenn sie keinen Cent damit verdienen. Und so ist die folgende simple Tatsache in Bezug auf die Menschheit schon fast in Vergessenheit geraten: Ihre magische Kraft und ihre Schönheit werden nur sichtbar, wenn man auch selbst anwesend ist – ohne die vielen Spiegel und nah genug, um einander berühren zu können.

»Was haben wir es gut! Wir tunken unser Brot jeden Abend ins Meer!«

Kiraz, eine vierzigjährige Frau, lacht, und die beiden anderen Frauen in der Hütte lachen mit. Wir sind in Küçükarmutlu, einem armen Istanbuler Viertel hoch über dem Bosporus.

Heute ist ihr »kollektiver Crêpes-Suzette-Tag«, wie Kiraz ihn nennt. Den Begriff »Crêpes Suzette« hat sie in der reichen Familie gelernt, für die sie putzt. Das Wort »kollektiv« gehört dagegen von jeher zu ihrem Vokabular, denn das Viertel auf der Anhöhe ist seit Jahrzehnten eine gut organisierte Hochburg der Linken. Nur deshalb halten sie an ihrem Stadtteil fest, der ein viel zu wertvolles Stück Grund und Boden geworden ist, als dass man Arme darin noch wohnen lassen wollte.

Heute backen sie für mehrere Familien Pfannkuchen, solange der Camping-Gasherd durchhält, für den sie alle zusammengelegt haben. Ich sitze im Schneidersitz auf dem Sofa, das gleichzeitig als Bett von Kiraz' Töchtern fungiert, und frage sie nach der Armut. Zu diesem Zeitpunkt, im Jahr 2007, jagt man die Armen aus der Stadt und pfercht sie in Gettos. Wie zahlreiche andere Metropolen braucht auch Istanbul nicht mehr so viele billige Arbeitskräfte wie in früheren Jahrzehnten. Ich gehe durch die Stadt und spreche mit den Ärmsten der Armen, um zu dokumentieren, wie sie es schaffen zu überleben. Kiraz verfährt mit der Ungerechtigkeit ihrer Realität wie folgt:

»Ich musste an dem Abend länger arbeiten und habe den einzigen Bus zurück nach Hause verpasst. Der Herr des Hauses hat mich schließlich mit dem Auto gefahren. Damals stand gerade eine Lohnerhöhung an, aber ihr wisst ja, wie diese Leute sind …« An mir, der Frau aus der Mittelschicht, sieht sie vorbei und richtet den Blick instinktiv auf ihre Leute, ihre Freundinnen, die ebenfalls putzen gehen. »Die flippen aus, wenn es Zeit ist, den Lohn zu erhöhen, reden um den heißen Brei herum und so.« Aus ihrem Blick, der jetzt wieder auf mir ruht, spricht die Forderung nach Verständnis. »Die haben diese Autos und diese Häuser und lassen uns ohne jede soziale Absicherung für sich arbeiten, und trotzdem ist es mir peinlich, um eine Lohnerhöhung zu bitten, während es ihm überhaupt nicht peinlich ist, zu … Jedenfalls sieht der Typ meine Hütte und meint: ›Ha, ihr lebt hier ja besser als ich. Ein Haus mit Bosporusblick!‹ Ich weiß nicht, was in mich gefahren ist – jedenfalls habe ich noch während der Fahrt die Tür geöffnet. Er hat sich wahnsinnig aufgeregt, und ich habe gesagt: ›Ach, so ist das! Wir haben ein Wahnsinnsglück, ja? Wir tunken unser Brot beim Abendessen in den Bosporus!‹ Arschloch!«

Die beiden anderen starren sie mit aufgerissenen Augen an. »Hast du echt ›Arschloch‹ gesagt?«

»Nein, natürlich nicht«, antwortet Kiraz lachend. Ihre Freundinnen winken in gespielter Enttäuschung ab, zeigen dann jedoch mit einem Lächeln, dass sie ihr die gekonnte Ausschmückung der Geschichte verzeihen.

Plötzlich ruft Kiraz: »Weg da, du Luder!« Die Familienkatze hat sich an die »Crêpes Suzette« herangeschlichen. Kiraz macht sich über das arme Tier lustig, das zum *Vegetarier* werden musste, um überleben zu können – auch so ein Wort, das sie kürzlich aufgeschnappt hat –, reißt ein Stück Pfannkuchen ab und wirft es der Katze hin. »Da hast du. Das arme Luder will auch französisch essen wie wir.«

Für die, denen nichts übrig bleibt, als die *echte* Realität zu betreten und mit ihr zu ringen, wird der eigene Widerstand zu etwas sehr Mächtigem. Wer dieses Ringen lieber bloß von fern beobachtet, nimmt sich nicht nur die Chance, die Kunst des Durchhaltens zu erlernen, sondern verzichtet auch auf ihre freudespendende Magie. Wer in sicherer Distanz zur Realität bleibt, wird nie verstehen, dass die Menschen innerhalb der Realität mit all ihrer Kraft kämpfen. Das Unbehagen derer, die dabei zuschauen, ihre Schuldgefühle und ihre Hilflosigkeit sind für sie schlicht belanglos.

»Scheiße, ich kann das nicht mehr mit ansehen«, schrieb Ayşegül in unsere WhatsApp-Gruppe. Wohlgemerkt: Hinter jeder großen Frau steht ein weiblicher Gruppenchat – zumindest galt das 2020. Unserer setzte sich aus einem Rockstar, einer Schauspielerin, zwei Anwältinnen, einer Cafébetreiberin und mir zusammen. Ein kleines Werkzeug, mit dessen Hilfe sich das Leben etwas erträglicher gestalten und die Realität des Lebens gemeinsam besser verstehen ließ. In den vorangegangenen beiden Jahren hatte eine von uns ein Kind bekommen, eine ihre Mutter begraben, und alle waren in dieser Zeit mindestens ein Mal wieder auf die Füße gekommen – alles mit flinken Daumen live gesendet.

In der letzten Februarwoche 2020 waren wir wieder einmal wie gelähmt vor Scham. Abwechselnd starrten wir auf unsere Bildschirme, um nur ja keine Nachricht zu verpassen, und wendeten uns leise fluchend ab. Die Russen, Verbündete des syrischen Regimes, hatten die türkische Militäroperation in Syrien mit der Tötung türkischer Soldaten beantwortet. Der türkische Präsident Erdoğan, noch Tage zuvor Wladimir Putins Kumpel, forderte Unterstützung durch die EU und die Nato. Der Dritte Weltkrieg stand kurz bevor, aber Erdoğan tat wie immer das Undenkbare und benutzte syrische Geflüchtete, um Europa in ein Bündnis gegen Putin zu zwingen. Mitten in der Nacht öffnete er die türkische Grenze zu Griechenland und »flutete« Europa mit Geflüchteten. Ein unfassbarer Wahnsinn. In der Türkei weckte man zahlreiche Geflüchtete – viele von ihnen nicht einmal aus Syrien stammend –, steckte sie in Busse Richtung Griechenland und setzte sie im Wald aus. Einige brachte man an die ägäische Küste und überließ sie den Schleppern.

In einer Live-Übertragung von Menschenrechtsverletzungen konnte man sehen, wie die griechische Grenzpolizei mit

Pfefferspray gegen Geflüchtete vorging und wie Babys in kleinen Booten zur griechischen Insel Lesbos verfrachtet wurden, wo Teile der einheimischen Bevölkerung die Neuankömmlinge attackierten. Das Ganze wirkte wie ein soziales Massenexperiment. Man hätte meinen können, die Welt wollte sich einmal ansehen, wie die Brutalität unter Menschen gedeiht, wenn man die größte moralische und politische Krise der Gegenwart auf einer Mittelmeerinsel kulminieren lässt. Wie Millionen andere in dieser Nacht empfand auch Ayşegül die Schuld der Zuschauerin.

Vom nächsten Tag an gab sie geflüchteten Syrerinnen in Ankara kostenlos Yoga-Unterricht. Keine von uns war so naiv zu glauben, dass man mit kleinen guten Taten oder dem Absingen von Mantras die Welt verändert. Doch Ayşegül drängte es einfach, an der Realität teilzuhaben, anstatt auf Distanz zu gehen und sich dafür schämen zu müssen. Anders gesagt: Lähmende Scham zu erdulden gab ihr weit mehr das Gefühl, nutzlos zu sein, als wenn sie syrischen Frauen den »nach unten schauenden Hund« beibrachte – Frauen, denen Yoga sonst wo vorbeiging, die aber eine – irgendeine – Beschäftigung brauchten, um sich wieder wie normale Menschen zu fühlen und die eigene Realität ertragen zu können.

Ayşegül erzählte mir, dass sie erst nach der Yogastunde endlich richtig ein- und ausatmen konnte. Der Wunsch, die Wirklichkeit und die Menschen darin zu berühren, war so einfach wie der Drang, zu atmen – und gemeinsam zu atmen. In Zeiten wie diesen, sagte sie, dürfe man dem eigenen Zögern nicht nachgeben, sondern müsse einfach irgendetwas tun, ganz egal, was. Sie hatte recht. Beim Atmen zögert man schließlich auch nicht. Und man lernt, dass das Atmen in schwierigen Zeiten einen anderen Menschen erfordert, der einem zeigt, wie es geht.

An Orten mit käuflichen Frauen kann es zwischen einer Frau, die sich verkauft, und einer, die das nicht tut, unbehaglich werden. Sie denkt, man wird sie von oben herab behandeln, und man selbst denkt, man stiehlt der anderen die Zeit, in der sie Geld verdienen könnte. Beiden kommen die in einer männlich dominierten Welt jeweils zugewiesenen Rollen in die Quere. Doch wozu gibt es Alkohol und spannende Zeiten, wenn nicht dazu, sich mit ihrer Hilfe über diese unpassenden Rollen hinwegzusetzen?

Das Mädchen in der dunkelsten Ecke der Bar auf dem Dach des Hilton Hotels, das sich die ganze Zeit den Lack von den Fingernägeln gekratzt hat, versteckt die Hände, als ich näher komme. Ich mache ein bisschen Small Talk, um zu zeigen, dass ich »harmlos« bin. Als die junge Frau endlich nicht mehr daran denkt, wie ihre Hände aussehen, erzähle ich ihr von dem Bären und dem Pelikan. *Oh nein*, sie findet das einfach *unglaublich*. Und ich, *oh nein*, finde es ganz *unglaublich*, dass sie Studentin ist. Während sie aus ihrer weiteren, derzeit allerdings unsichtbaren Realität berichtet – von der Uni, ihren Freundinnen, ihrem Traum, das Studium im Ausland fortzusetzen, sobald sie genug Geld gespart hat –, wird das Elend unserer sichtbaren, aber eingeschränkten Realität ein kleines bisschen weniger schrecklich.

Als sich unsere Schultern berühren, scheint sich ihr Körper aufzurichten, kräftiger, aber auch leichter zu werden. Sie klopft mit dem Finger ans Whiskyglas, und der monströse Ring mit dem unechten Smaragd klimpert schneller als der turkmenische Zuhälter an der Casio-Orgel. Mir kommt es so vor, als klopfte sie den Rhythmus ihrer erweiterten Realität, in der sie auf magische Weise, aber mit Sicherheit aufblühen wird.

»Und wo ist dieser durchgeknallte Bär genau?«, fragt sie überraschend laut. In der Bar richten sich alle Blicke auf uns.

Aus Solidarität mit ihr spreche auch ich laut und antworte bestens gelaunt: »Nicht weit weg. Genau genommen ganz in der Nähe.«

Wir lachen, und mir kommt der Gedanke, dass wir wie zwei rebellische Gefährtinnen in einem abgewirtschafteten Menschenzoo wirken müssen. Unsere Vergnügtheit sieht nur, wer uns nahe genug ist und weiß, dass die Freude am gemeinsamen Atmen noch Teil der schlimmsten Realität sein kann.

3

DIE ANGST ALS FREUND

»Hier, nehmen Sie meine Hand«, flüstere ich der etwa vierzigjährigen Frau neben mir zu. Ihr in Louis Vuitton gehüllter Körper hat bereits bei der ersten Turbulenz, in die unsere Maschine geraten ist, jede Contenance verloren. Weil ihre Hände sichtlich nach etwas Stabilerem als den Armstützen tasten, mache ich es ihr etwas leichter. Sie dürfte sowieso längst bemerkt haben, dass Turbulenzen mein natürlicher Lebensraum sind.

Sie umklammert meine Hand so fest, dass ich sie trotz ihres Alters wie ein Baby beruhige: »Alles gut, alles gut. Bald ist es vorbei.«

Sie sieht mich mit trostsuchenden Kinderaugen an. »Wirklich? Wann landen wir endlich?«

Bis wir in Brüssel rumpelnd auf dem Boden aufsetzen, drückt sie mit beiden Händen meinen linken Arm auf ganzer Länge. Doch in der kurzen Zeit, die bis zum Aussteigen vergeht, verwandelt sich ihre Dankbarkeit zeitrafferartig in das steife LV-Gehabe zurück. Ich wende den Kopf, damit sie mich bequem ignorieren kann.

Bevor sie im Eiltempo verschwindet, blafft sie mir noch ein

»Danke« entgegen. Dass ich zuerst »Kranke« verstehe, liegt wahrscheinlich an ihrem Gesichtsausdruck. Eine First-Class-Bitch, die Economy fliegt, denke ich, und vor lauter Stolz, zehn Minuten ihr Fels in der Brandung gewesen zu sein, vergesse ich ganz, dass der Vorfall beispielhaft zeigt, was Angst mit Menschen macht.

Wenn uns das Entsetzen packt, reagieren wir nicht niveauvoller als Hühner, die sich dicht zusammendrängen, um einer Gefahr zu entgehen. Leuten, die Angst haben, bieten wir instinktiv unsere Hilfe an, weil wir tief in uns wissen, dass nur Beruhigung in Form von siebenunddreißig Grad menschlicher Wärme die innere Starre eines Verängstigten zu lösen vermag. Doch wenn die Angst verschwunden ist und man wieder klar sieht, laufen die meisten von uns schnellstmöglich weg von jenem anderen Ich, das sich in der angstbesetzten Situation gezeigt hat. Es erscheint uns plötzlich als zu schwach, um Aufnahme in unser inneres Selfie-Album zu finden. Löschen!

Das ist die Angst vor der Angst. Sie treibt uns so unerbittlich an, dass wir nicht einmal spüren, was wir verlieren, wenn wir die Angst aus unseren erinnerten Geschichten tilgen. Denn diese Geschichten bezeugen eben auch unsere wahre Zerbrechlichkeit und die große Schönheit der echten, spontanen Solidarität, die in Zeiten der Angst zwischen Menschen entsteht. Wer die peinlichen Momente löscht, blendet auch die von anderen entgegengebrachte Freundlichkeit und Großzügigkeit aus. Hätten wir weniger Angst vor der Angst, wäre unser Fotoalbum des Menschlichen vollständig. So, wie wir die stärkende Magie der Wirklichkeit nur sehen, wenn wir ihr nah genug kommen, müssen wir uns auch für die Innigkeit mit der Angst entscheiden, um erkennen zu können, wie viel Menschlichkeit sie enthält. Eine solche Nahaufnahme von der Angst dürfte angesichts des heutigen Zustands der Welt dringend nötig sein.

»Ich habe Angst.«

Mein direkter Nachbar in Zagreb ist Mitte vierzig und ein Schrank von einem Mann. Seine Anwesenheit wird mir immer nur dann bewusst, wenn abends gegen sieben Marihuanaduft in meine Wohnung dringt. Vier Jahre hatte ich ihn kein einziges Mal zu Gesicht bekommen – bis zum 23. März 2020, als Zagreb eine Woche nach Beginn des Corona-Lockdowns morgens gegen fünf Uhr dreißig von einem Erdbeben der Stärke 5,3 erschüttert wurde. Ich war von einem grauenhaften heiseren Knistern wach geworden, das tief aus dem Beton meiner Wohnung kam. Es klang, als würde in den Wänden ein Monster wieder zum Leben erweckt. Ohne Hast ging ich gedanklich die Checkliste durch, die ich seit dem Istanbuler Erdbeben von 1999 – Stärke 7,6 – im Kopf habe. Wo musste ich mich jetzt hinstellen? Wie war das noch mal mit dem »Dreieck des Lebens«?

Während mein Gehirn nacheinander alle Erinnerungsdateien öffnete, wurde mir klar, dass ich nur mit einem Kaffee funktionieren würde. Kaum hatte ich mich ans Werk gemacht, kam das Nachbeben. Der zweite Kaffee, den ich für absolut unerlässlich hielt, fiel zeitlich mit der dritten Erschütterung zusammen. Als die Wände endlich nicht mehr ächzten, beschloss ich mit der inneren Distanziertheit einer diplomatischen Beobachterin, im Treppenhaus nachzusehen, ob das Gebäude irgendwelche Schäden aufwies. Und bei dieser Gelegenheit ließ sich mein hünenhafter Nachbar blicken.

Fast weinend breitete er die Arme aus und murmelte: »Ich habe Angst.« Ich, in der einen Hand den Kaffee, in der anderen eine Zigarette, hielt ihm einen kurzen, freundlichen Vortrag über die diversen Erdbeben-Typen und die beruhigenderweise horizontal verlaufenden Risse in den Wänden unseres Hauses und erklärte, warum dieses Beben nicht besonders gefährlich war. Daraufhin entspannten sich seine Gesichtszüge, und er fragte mit brechender Stimme: »Darf ich bei Ihnen anklopfen, wenn ich wieder Angst kriege?«

Trotz der zahlreichen Nachbeben in den darauffolgenden Wochen klopfte er nie wieder an. Hätte er es getan, hätte er gesehen, dass ich auf ihn vorbereitet war und ihm jederzeit wohltuende Informationen über Nachbeben sowie dank meiner billigen Kaffeemaschine den besten Kaffee in Zagreb angeboten hätte. Leider muss ich mich seither damit begnügen, seine Präsenz nicht mehr nur jeden Abend, sondern alle zwei Stunden – anhand der angenehm duftenden Schwaden – wahrzunehmen.

In meiner Vorstellung hockte er gewissermaßen als geschrumpfter Riese allein in seiner Wohnung und verfluchte seine innere Schwäche und das bescheuerte Erdbeben – das erste in 140 Jahren –, das ausgerechnet in die Anfangsphase des Coronavirus gefallen war. Und die Gründe für seine Angst und Hilflosigkeit rissen nicht ab, denn zeitgleich mit dem Erdbeben hatte es heftig zu schneien begonnen, und ein paar Tage später war Zagreb obendrein in eine Staubwolke aus der turkmenischen Wüste gehüllt. Ich musste mich mehrmals zurückhalten, um nicht bei ihm anzuklopfen und zu sagen: »Hey, entspann dich, das ist die neue Normalität. Wir kommen da nur durch, wenn wir uns an das Leben mit der Angst gewöhnen.«

Wir leben in ständig unruhigen Zeiten. Und Angst ist kein vorübergehender einzelner Moment mehr, den wir einfach so aus dem Gedächtnis löschen könnten. Die diversen globalen

Krisen häufen sich nicht nur, sondern sind auch derart unterschiedlich, dass unsere Reaktionen darauf widersprüchlich werden. Erdbeben: Rauslaufen! Coronavirus: Drinbleiben! Faschismus: Gemeinsam stoppen! Coronavirus: Anderen fernbleiben! Die neue Normalität fühlt sich so an, als säßen wir in einer Maschine, die nach langem, turbulentem Flug landet, nur um sofort wieder zu starten und in die gleiche beängstigende Ungewissheit zu fliegen.

Verständlicherweise lautet eine der am häufigsten gestellten Fragen: »Hört das denn nie auf?« *Das* ist aber jetzt unsere Realität, zu der nicht nur riesige Ängste gehören – etwa vor der erwartbaren Apokalypse, einem dritten Weltkrieg oder einer weiteren Pandemie –, sondern auch weniger hehre Sorgen: vor Tomaten des Grauens, genetisch so manipuliert, dass sie demnächst zurückbeißen werden, oder vor rachsüchtigen Ex-Lovern, die uns auf Fake-Profilen in den sozialen Medien bis ans Ende unserer Tage demütigen wollen.

Diese ständig flottierende Angst durchtränkt die Gegenwart mit dem Gefühl, unser Leben spielte sich in der schrecklichsten aller historischen Zeiten ab. Andererseits zeigt uns der Wildwuchs ganz unterschiedlicher Krisen, wie wir uns am besten verhalten, wenn wir Angst haben. Jede Angst lehrt etwas anderes über uns – und über andere –, das wir uns merken und worauf wir in künftigen Krisen zurückgreifen können. All diese Erkenntnisse gehören zu dem Menschheitspuzzle, das wir in unseren Köpfen ständig zusammensetzen. Und eine wichtige Frage in diesem Puzzle lautet: Wie ist es wirklich um uns und unsere Ängste bestellt, wenn wir mit Krisen konfrontiert sind?

»Aber mal im Ernst: Was wollen Sie denn jetzt noch mit dem vielen Käse?«

Es war eine klirrend kalte Nacht an jenem 14. November

1999 in Düzce, einer mittelgroßen Stadt in der weiteren Umgebung von Istanbul und nahe dem Epizentrum des Erdbebens mit der Stärke 7,6. Zwei Tage sind seit dem Desaster vergangen, das die gesamte Stadt zerstört hat, und ich sende live für CNN Turkey aus dem Garten eines Ehepaars mittleren Alters. Die beiden haben sich in Decken gewickelt und wärmen ihre Hände an einem Feuer, das in einem alten Käsebehälter brennt. Auch ringsum stehen solche Behälter, alle mit selbst hergestelltem Käse gefüllt, wie ihn nur die Griechen und die Türken machen; es ist das Einzige, was aus dem Schutt des zertrümmerten Hauses gerettet werden konnte.

Die beiden stehen noch unter Schock und können mir nur auf Fragen antworten, die sich um diesen Käse drehen. Nicht zuletzt weil 17 000 Menschen tot und 250 000 über Nacht obdachlos geworden sind, dürfte die fünfminütige Live-Schalte rund um das Thema Käse auf die Zuschauer wie ein französischer Avantgarde-Film wirken.

Als mir der Moderator signalisiert, dass ich den Quatsch mit dem Käse zum Abschluss bringen soll, will ich es noch einmal wissen und starte den letzten Versuch, zu dem völlig verstörten Paar vorzudringen.

»Nur wenige Stunden nach dem Beben trafen einige Tausend freiwillige Helfer aus verschiedenen Städten ein. Diese Käsebehälter wurden von ihnen geborgen – neben mehreren Kindern und Erwachsenen, die sie in letzter Sekunde retten konnten. Auch zweitausend Bergarbeiter sind mehr als dreihundert Kilometer weit hierher nach Düzce gefahren und helfen nun schon seit vierundzwanzig Stunden, ohne geschlafen zu haben. Sie sind wie Ritter der Unterwelt in die Stadt eingezogen.«

Endlich nicken die beiden. Doch die Heftigkeit, mit der sie es tun, drückt nicht nur Zustimmung aus. Indem sie die von ihnen durchlittene Geschichte aus dem Mund einer anderen hören, sind sie vielmehr in der Lage, die empfundene Angst direkt anzusehen und das eben Erlebte in seiner ganzen Wucht zu begreifen. Und sie begreifen nicht nur das Erlebte, sondern auch etwas über sich und die anderen Überlebenden. Sofort berichten sie von der unglaublichen Solidarität, die ihnen in den vergangenen achtundvierzig Stunden begegnet ist. Ihre Mienen verändern sich, und mit einem Mal scheint der Trümmer-Albtraum hinter ihnen erträglicher zu sein. Der Mann blickt so wehmütig lächelnd ins Feuer, als sähe er plötzlich etwas in den Flammen, was alle Menschen verbindet.

Die Fähigkeit, anderen in angstbesetzten Situationen zu vertrauen und das Vertrauen anderer in uns zuversichtlich vorauszusetzen, hängt davon ab, wie wir uns an die Angst erinnern wollen. Damit die Erinnerung angemessen und menschlich ausfällt, muss die persönliche Angst in die Krise insgesamt eingebettet werden. Erst wenn wir andere mit ihrer Angst wahrnehmen, verstehen wir, dass das Gegenteil von Angst nicht Mut ist, sondern die Fähigkeit, den Blick unverwandt auf die ganze Wirklichkeit zu richten. Nur wer die eigene Angst in einen größeren Zusammenhang stellt, erkennt ihr wahres Ausmaß und kann damit umgehen. Der Umgang mit eingebildeten Ängsten ist sehr viel schwieriger; hat die Angst jedoch wie in den turbulenten Zeiten von heute einen realen Kern, überwindet man sie nur, wenn man sie kleiner macht, indem man sie in eine größere Perspektive stellt. Nur dann können wir einander unsere gemeinsame Schwäche, unser lächerliches Elend und die wunderschöne Zerbrechlichkeit bewusst machen, auf der unser Dasein beruht. Und sobald wir das tun, können wir die Momente der Angst sogar feiern, denn in ihnen fallen alle oberflächlichen, vergänglichen Accessoires des Lebens – sozusagen unsere Louis-Vuitton-Panzerung – von uns ab, und nur das Allzumenschliche an uns bleibt. Um aber sowohl die Angst als auch das Ängstliche in sich so sehen zu können, braucht es ein gewisses Verständnis dafür, was Menschsein eigentlich ausmacht.

»(Im Gegensatz zum früheren Werk des Regisseurs) geht dieser Film nicht leichtfertig mit großen Themen um.«

Nach der Premiere von Stanley Kramers Film *Das Geheimnis von Santa Vittoria* 1969 in New York veröffentlichte die *New York Times* eine kurze Besprechung, an deren Ende ein anderer, am selben Tag gestarteter Film empfohlen wurde. Nicht zum ersten Mal hatte ein Kritiker nicht verstanden, worum es ging.

Das Geheimnis von Santa Vittoria, einer meiner Lieblingsfilme, enthält eine kurze Sequenz, in der es um eines der »großen Themen« der Menschheit geht. Man sieht ein Mussolini-Zitat, das jemand an eine Wand gepinselt hat: »Besser einen Tag als Löwe leben, als hundert Jahre ein Schaf zu sein.« Unter diesem Zitat hat Bombolini, der Bürgermeister von Santa Vittoria – eindrucksvoll gespielt von Anthony Quinn –, seine persönliche Meinung verewigt: »Besser hundert Jahre leben – *Italo Bombolini*«.

Hier in aller Kürze die Handlung des Films: Die Nazis besetzen das italienische Städtchen Santa Vittoria, weil sie es auf das dortige Weindepot abgesehen haben. Der ängstliche und unter normalen Umständen vollkommen unfähige Bürgermeister Bombolini beschließt, den berühmten Wein der Stadt zu retten, was aber dadurch erschwert wird, dass ihn kein einziger Bürger ernst nimmt. Während in der Stadt die Angst umgeht, spaltet sich die Einwohnerschaft in zwei Gruppen – die einen wollen Widerstand leisten, die anderen kapitulieren. Da hat Bombolini eine geniale Idee. Die ganze Stadt soll den Wein über eine Menschenkette Flasche für Flasche in einen geheimen Bunker verfrachten.

Von nun an besteht Bombolinis Aufgabe einzig darin, dem Nazi-Kommandeur immer wieder zu versichern: »Es gibt keinen Wein!«, während die Bürger nur zusammenhalten und das Geheimnis wahren müssen. Am Ende haben die »Schafe« von Santa Vittoria gewonnen, die Nazi-»Löwen« ziehen ohne Wein ab, und der Zuschauer hat etwas Wichtiges über die Menschen gelernt: Auch Schafe, die sich wie Schafe verhalten, können überleben – sie müssen nur solidarisch sein.

In den letzten dreißig Jahren gab es keinen einzigen erfolgreichen Film oder Roman, der den gemeinsamen Sieg der Schafe behandelt. Sieht man sich das Repertoire populärer Kunst- und Kulturproduktionen zum Thema Krise und Katastrophe an, erkennt man schnell, dass sie so gut wie alle den gleichen Handlungsbogen spannen: Ein einzelner Mensch (meist ein Mann, auch wenn es in letzter Zeit hin und wieder eine Frau sein darf) versucht im Alleingang, wahlweise seine Familie zu beschützen oder die Welt zu retten. Und wenn es so ernst wird, wie es mittlerweile ist, erledigt ein Ensemble aus Marvel-Superhelden, ein kleines Löwenrudel, den Job. Alles *Löwen*geschichten, die den Schafen ihre komplette Unfähigkeit einreden wollen, indem sie pausenlos wiederholen, dass nur der *Übermensch* die Welt retten könne, während dem Rest, den Schafen, allein am eigenen Überleben gelegen sei. Deshalb ist *Das Geheimnis von Santa Vittoria* so großartig: Der Film zeigt, dass sich die Schafe im gemeinsamen Widerstand gegen den Übermenschen durchsetzen können.

Das unterscheidet ihn auch stark von dem zweiten populären Narrativ unserer Zeit, der dystopischen Anarchie. In dieser Version der Katastrophenstory werden die Schafe eher zu Hyänen und zerfleischen sich gegenseitig, sobald die Angst um sich greift. Vielleicht hat sich die Darstellung des Menschen als Kannibalen popkulturell deshalb als so unwiderstehlich erwiesen, weil sich das Bild vom schafsähnlichen schwachen Menschen den Massen weniger gut verkaufen lässt als die verzerrte – aber nach wie vor populäre – nietzscheanische Interpretation des Menschen, die einst, entsprechend aufbereitet, zum Herzstück des Faschismus wurde. Doch so grausam ist weder die menschliche Natur noch die Natur selbst. Könnten wir die über unsere Geschichte gelegten Pop-Narrative ausblenden, würden wir sehen, dass die Schafe in einer Krise keineswegs aufeinander losgehen, sondern sich vielmehr fassungslos vor Angst anstarren und fragen: »Was zum Teufel machen wir jetzt?«

Das Zeitalter unbegrenzter Angst, das wir im Augenblick durchleben, ermöglicht es uns, mit eigenen Augen die *wahre* Geschichte zu sehen: Wir Menschen reagieren auf Angst nicht, indem wir hysterisch werden, sondern tendieren von Natur aus vielmehr dazu, geteilte Angst anzunehmen und unsere sanftmütige Seite zu feiern.

Im März 2020 erlebte die Welt zum ersten Mal seit vielen Jahrtausenden einen Frühling ohne menschliches Publikum. Angesichts der leeren Städte konnte man glauben, der Planet hätte die Menschheit in einen globalen Lockdown gezwungen. Mit Ausnahme der Straßentauben und streunender Katzen, die wegen der fehlenden Vorwarnung sauer waren, wirkte die Natur so glücklich, dass viele anfingen, die zwingende Notwendigkeit unserer Präsenz auf Erden in Zweifel zu ziehen. Gleichzeitig mussten wir die Angst vor der Pandemie auf noch nie dagewesene Weise durchleben: untätig.

Anfangs war das noch ganz leicht – so leicht, dass einige Franzosen, die sich gegen die Ausgangssperren empörten, von ihren Mitbürgern getadelt wurden: »Eure Großväter mussten in den Krieg ziehen, da wird man von euch wohl erwarten können, dass ihr zu Hause bleibt!« Nach wenigen Wochen entpuppte sich das Nichtstun jedoch seinerseits als ein Krieg – wenn auch anderer Art –, der viele neue Ängste mit sich brachte. In den sozialen Medien fanden Videos von durchdrehenden Leuten sofort Eingang in die Gegenwartsfolklore, und die mit Homeschooling beschäftigten Eltern begannen ihre Liebe zu ihren Kindern ernsthaft zu hinterfragen. China, Ursprungsort der Pandemie, erlebte am ersten Tag nach Lockerung der Quarantäne eine beispiellose Scheidungswelle. Eine Gewissheit nach der anderen erwies sich als ebenso absurd – und unbrauchbar – wie die Käsebehälter in Düzce.

Innerhalb einer Woche mussten wir lernen, uns nicht ins Gesicht zu fassen, die Hände anderer Menschen nicht mehr zu berühren und stillzuhalten, wenn die Angst in uns hochschoss. Covid-19 machte alle Werkzeuge zur Angstbewältigung untauglich und verlangte von uns, den instinktiven Drang nach gegenseitiger körperlicher Tröstung zu unterdrücken. Diesmal forderte man die Schafe nicht auf zusammenzustehen, sondern zwei Meter voneinander entfernt zu bleiben. Hilfreiche Hände steckten in Latexhandschuhen, und die Stimmen, mit denen wir untereinander kommunizierten, brachen auf den Bildschirmen ab. Plötzlich entstand die ganz neue Erfordernis, alternative Wege zu finden, um in einer kontaktlosen Welt in Kontakt miteinander zu bleiben und frische Erinnerungen für die neuen weltweit verbreiteten Ängste festzuhalten.

Im April 2020 sah die Welt bereits wie ein Schlachtfeld aus, auf dem sich Sozialdarwinisten und die Anhänger P. A. Kropotkins, Verfasser des 1902 erschienen Buchs *Gegenseitige Hilfe in der Tier- und Menschenwelt*, bekämpften. Kropotkin, ein russischer Theoretiker des kommunistischen Anarchismus, war durchaus überzeugter Darwinist, übte jedoch heftige Kritik an den Sozialdarwinisten mit ihrer Theorie der natürlichen

Selektion und des Wettbewerbs als Ideal menschlicher Gesellschaften. Mit seinem berühmten Buch wollte er anhand von Naturbeobachtungen nachweisen, dass Tiere und Menschen nicht nur untereinander konkurrieren, sondern sich auch gegenseitig helfen, um zu überleben.

Covid-19 förderte auch einige »Hasser« von Kropotkins Naturverständnis zutage. In den Vereinigten Staaten protestierten sie gegen den coronabedingten Lockdown, indem sie mit Slogans wie »Opfert die Schwachen« durch die Straßen zogen. Zufällig gehörten zu ihnen leider auch Herrscher mächtiger Nationen. Diesen Mussolini-Epigonen zufolge sollten nur die sogenannten Löwen überleben.

Im echten Leben und in dieser sehr echten Krise waren solche hässlichen Exemplare der Gattung Mensch allerdings in der Minderheit und wurden schnell zu Witzfiguren. Der Rest, die Mehrheit, tat sich in Schafsmanier zusammen, um die schwierigen Zeiten zu überstehen: Man bezahlte sich gegenseitig die Einkäufe, nähte Kittel und Masken und suchte neue Wege, um die Beschäftigten im Gesundheitswesen zu unterstützen, oder linderte einfach nur die Angst der anderen – und die eigene – mit beruhigenden Worten. Insgesamt war man darauf bedacht, die Angst aus Solidarität kleinzuhalten, und spottete über die löwenherzigen Leugner. Wie Mitglieder eines weltumspannenden Nachbarschaftsnetzwerks versicherten wir einander: »Wir kommen da durch!«

Doch natürlich steckten wir nicht alle »im selben Boot«. Die einen kauften sich eine Insel, auf der sie ihre Quarantäne genießen konnten, die anderen mussten arbeiten gehen und sich die Instagram-Postings der Reichen und Gelangweilten ansehen. Während sich einige Tausend Wissenschaftler hektisch um die Rettung der Menschheit bemühten, überlegten andere bereits, wie sie von einem künftigen Impfstoff profitieren könnten. Doch nicht einmal das führte dazu, dass sich die dystopischen Chaos-Narrative wie vorhergesagt bewahrheiteten. Verständlich oder nicht – die Ausgebeuteten beschlossen, die Privilegierten unbehelligt zu lassen. Es gab keine Plünderungen, keine Racheakte. Wir, die Schafe, lernten, dass der gegenseitige Angriff und der Kampf untereinander nur allerletzte Mittel sind. Das ist weder gut noch schlecht, es ist einfach so. Die Überzeugung, der Mensch sei im Grunde eigennützig und böse – eine Überzeugung, auf der die vorherrschende Moral seit Jahrhunderten fußt –, erwies sich in der Pandemie als hinfällig, ja absurd.

Die Menschen schlossen sich ganz im Gegenteil fast reflexartig zu kleinen Santa-Vittoria-Gruppen zusammen, bildeten eine Menschenkette à la Bombolini, um sich ihre Menschlichkeit zu bewahren, und widersetzten sich der lähmenden Wirkung der Angst. Denn genau das ist es, was Menschen in apokalyptischen Krisen *wirklich* tun, solange die Propaganda der imaginären Schrecken sie nicht in die andere Richtung drängt. Das mag auch der Grund dafür sein, dass die Löwen vom Aussterben bedroht sind, die Schafe nicht.

Mika und ich sehen aus wie Chirurginnen kurz vor der Operation an zwei Gläsern Gin Tonic. Wir sitzen auf einer Bank gegenüber meiner Wohnung in Zagreb und sind voll ausgestattet für eine stark verkürzte Corona-Happy-Hour: Latexhandschuhe, kleine Fläschchen Alkohol und Masken. Zwei Monate dauert die von Mika in Eigenregie betriebene extreme Selbstisolierung nun schon an. Obwohl die städtischen Behörden keine Quarantäne ausgerufen haben, brauchte es eine Thermoskanne mit dem besten Gin, den man in Zagreb bekommt, zwei richtige Gläser und ein paar Snacks – alles gründlich desinfiziert –, um sie aus ihrer Wohnung zu locken.

»Was ist los mit dir, Mädchen?«, fragte ich sie. »Warum bist du so komisch drauf?« Sie war meinen besorgten Anrufen und Textnachrichten schon seit Längerem höflich ausgewichen.

Nachdem sie meinen Gin Tonic mit ihrem berühmten Stirnrunzeln gelobt hatte, antwortete sie: »Ich habe keine Angst vor dem Virus oder sonst was, aber ich komme mit dieser Realität nur zurecht, wenn ich …«, für den dringend benötigten Zug an der Zigarette muss die Maske kurz weichen, »… wenn ich so tue, als wäre der Bosnienkrieg wieder aufgeflammt.«

An ihrem Cocktail nippend erzählte sie mir nach vier Jahren zum ersten Mal von ihrem Aufenthalt in einem bosnischen Flüchtlingslager in Kroatien. »Ich habe damals monatelang mit niemandem geredet und keinen Kaffee getrunken.« (Mika betrachtet Reden und Kaffeetrinken als eine Kunstform.)

»Wie Rosa Luxemburg«, sagte ich, und lächelnd dachten wir an unsere brillante, seit Langem tote Schwester. Die Regeln, die sie sich auferlegt hatte, um die Kontrolle über ihre Zeit zu behalten, waren strenger als die Gefängnisregeln gewesen.

»Auf diese neue Welt schrecklicher Ungewissheit war ich einfach nicht vorbereitet«, sagte Mika.

Als ich ihr erzählte, dass auch ich Angst vor der Zukunft hätte, widersprach sie sofort. »Bloß nicht an die Zukunft denken! Einfach weitermachen! Das lernt man im Krieg.« Als wir ausgetrunken hatten und uns aus zwei Metern Corona-Distanz Kusshände zuwarfen, waren wir wieder einigermaßen gut drauf.

»Die Zukunft« ist in Zeiten der Angst wahrscheinlich die Phrase, die unsere Perspektive am stärksten einengt. Entweder zwingt sie dazu, einen Grund für Optimismus zu suchen, oder sie überflutet uns mit pessimistischen Worst-Case-Szenarien. Sie drängt das Denken in eine unterkomplexe Dualität von positiv und negativ und nimmt ihm seine unbegrenzten imaginativen Fähigkeiten. Sie verwandelt die überraschenden – und manchmal unbekannten – Farben aller möglichen Wirklichkeiten ausschließlich in Rosarot oder Aschgrau. Ich lehne das Wort »Zukunft« nicht deshalb ab, weil ich irgendeinem New-Age-Unsinn vom »Hier und Jetzt« das Wort reden will, sondern weil uns nur dann bewusst ist, dass unser *jetziges* Tun unsere Zukunft bestimmt, wenn wir uns auf die Gegenwart konzentrieren und die damit einhergehende Angst akzeptieren. Weitermachen heißt nicht nur überleben, sondern auch schön überleben, indem wir unsere ganze Geschichte mitsamt der Angst darin sehen und uns daran erinnern können. Und manchmal muss dazu auch der süße Wahnsinn willkommen geheißen werden, der uns die Zeiten überstehen lässt, in denen die Wirklichkeit unerträglich zu sein scheint.

Im Mai 2020 war sogar ich mit meiner außergewöhnlichen Überlebenskunst fast am Ende. Das Alleinsein, mit dem ich mich immer wohlgefühlt hatte, setzte mir massiv zu. Immerhin funktionierte meine Selbstdisziplin noch – ich absolvierte täglich meinen einstündigen Spaziergang zum Stadtwald. Man lernt nur im extremen Alleinsein, dass Wahnsinnigwerden ein schleichender Normalisierungsprozess ist. Es ist gewissermaßen erleichternd, wenn die neue Wahrnehmung des Normalen ins Bewusstsein dringt, vergleichbar mit dem Gefühl, das ein Kind hat, das gerade ins Bett macht. Die Schwelle des Normalen sinkt so langsam, dass es sich, nun ja, eben *normal* anfühlt.

Meine neue Normalität bestand in jenen Tagen darin, die Samenschirmchen des aus dem Boden sprießenden Löwenzahns abzupusten. Ich hatte die fixe Idee, die Samen müssten in diesem Frühjahr weggepustet werden, damit es im nächsten Jahr wieder Löwenzahn gäbe. Außerdem lenkte mich die Suche nach den Blumen und einem abgelegenen Fleckchen, auf dem ich mein Werk verrichten konnte, von meinen Ängsten ab. Bei jeder Einzelmission wurde mir erneut klar, wie gut kleine Tropfen süßen Wahnsinns als Vorbeugung gegen den schrecklichen Wahnsinn der Angst funktionieren. Solche Momente sind der Beweis für unser wunderschönes Schaf-Sein, das die größten Turbulenzen übersteht. Und sie sind das Gegengift, das verhindert, dass wir so tun, als wären wir dumme Löwen.

4
WÜRDE STATT STOLZ

An einem Vormittag im Jahr 2020 ging in den sozialen Medien ein Video viral, in dem zwei Männer einen Roboter zu körperlicher Arbeit zwangen. Der arme Roboter hatte ganz friedlich und mit futuristischer Effizienz Kisten hochgehoben und weggetragen, als die Männer plötzlich mit Hockeyschlägern und Klappstühlen auf ihn einschlugen, wobei sie einen für wissenschaftliche Experimente unerlässlichen, aber doch erschreckenden Gleichmut an den Tag legten.

Einige Tage später wurde gemeldet, der Roboter in dem Video sei kein echter Roboter gewesen, sondern eine computergenerierte Animation. Das Video sei von dem amerikanischen Robotikunternehmen Boston Dynamics zu Werbezwecken hergestellt worden. Allerdings waren die sehr unterschiedlichen Reaktionen auf das Filmchen weit interessanter als jede bahnbrechende technologische Entwicklung von Boston Dynamics.

Einige witzelten, das Video gäbe nach der Machtübernahme der Roboter perfektes Propagandamaterial gegen die Menschheit ab, doch viele, auch ich, empfanden angesichts der gefilmten Demütigung eine reflexartig einsetzende Empörung. Obwohl es sich bei dem Opfer nicht einmal um eine reale, sondern nur um eine virtuelle Maschine handelte, behielten wir unsere ursprüngliche emotionale Reaktion unverändert bei, und diese Reaktion einer einflussreichen Minderheit fiel so stark aus, dass das Unternehmen einige Tage später ein neues Video postete, in dem sich der animierte Roboter die Misshandlungen nicht mehr gefallen lässt und sich an den brutalen Menschen rächt.

Wer hätte gedacht, dass wir uns eines Tages von einer gedemütigten Maschine kathartische Effekte erhoffen würden? Und doch taten das offenbar eine ganze Menge Leute. Obwohl die Videos nur als kurzlebiges Entertainment in den sozialen Medien konzipiert waren, brachten sie einen stillen Konsens zutage: Selbst im derzeitigen System, von dem keiner mehr glaubt, dass die Würde darin eine tragende Rolle spielt, können wir uns noch entrüsten, sobald sie sichtlich unter Beschuss gerät.

Am nächsten Morgen versuchte ich mir einen Androiden vorzustellen, der ein Gespür für Würde hat, und fragte mich, ob er seine Empörung genauso unterdrücken oder so geistreich darüber witzeln könnte wie wir. Würde es ihm genauso leicht fallen, seine Programmierung zu ignorieren, wie uns? Und wie kam es überhaupt zu dem inzwischen so flexiblen Umgang mit der uns eingeschriebenen Würde?

»Ich will aber nicht in die Schule!«

Ich sage es wieder und wieder. Es ist 1981, der brutale Militärputsch in der Türkei liegt ein Jahr zurück, und ich bin acht. Fast alle progressiven und linken Lehrkräfte sind entweder ihre Stelle los oder wurden an abgelegene Orte verbannt. Für meine Generation ist nur der Lieblingstyp des Regimes übrig geblieben: Lehrer und Lehrerinnen, die bereitwillig oder widerwillig ihren Frieden mit der Unterdrückung gemacht haben.

Das ist mir allerdings noch nicht klar. Klar ist mir aber, dass meine Lehrerin blondierte Haare und lange, rot lackierte Fingernägel hat und viel zu glücklich wirkt. Für den, der auf der Seite der Unterdrückten aufwächst, wird das Glück anderer zum Zeichen von Mittäterschaft.

Mich mag sie zwar sehr gern, aber wie sie die armen Kinder behandelt, gefällt mir überhaupt nicht. Die steckt sie in die hinterste Bankreihe, bestraft sie willkürlich, indem sie ihnen mit einem Lineal auf die Handflächen schlägt, und erniedrigt sie mit der Behauptung, sie seien schmutzig. Ich soll vorn bei den »Braven« sitzen, dicht am Thron, aber ich will nach hinten.

Ohne dass ich einen Grund dafür nennen könnte, fühle ich mich unwohl, wenn ich nicht bei diesen Kindern sitze. Ich gebe ihnen taktische Tipps, wie sich Schläge vermeiden lassen, die sie aber kaum interessieren. Ich kann es nicht in Worte fassen, aber hinten zu sitzen macht Spaß, es belebt, es stärkt mich. Erst Jahre später erkenne ich, dass dieses Gefühl zu den großen moralischen Rätseln der Mittelschicht zählt. Im Augenblick bin ich jedoch einfach ein Kind, dem es unglaublich große Freude bereitet, mit denen zusammen zu sein, die es meiden soll.

Nachdem mich meine Lehrerin eines Tages ordentlich ausgeschimpft hat, stellt sie mir offen die Frage: »Warum sitzt du bei den Verlierern?«

Bis heute erinnere ich mich an den Kloß im Hals und weiß noch, dass mir keine richtige Antwort einfiel und ich hemmungslos weinte.

Als ich nach der Schule zu Hause ankomme, erzähle ich alles meiner Mutter. In der Woche darauf bin ich an einer neuen Schule. Die neue Lehrerin ähnelt viel mehr *einer von uns*, und meine Mutter erklärt mir, der Kloß im Hals, das sei »Würde«.

»Es tut weh, wenn man nicht schreien kann«, sagt sie. Ich erinnere mich an ihre stille Empörung, ihre mahlenden Kiefer. Dass sie die schwierige Situation mit Zurückhaltung löste, anstatt den eigenen Kloß rauszuschreien, war dem Terror des Militärregimes zu verdanken.

Das Wort »Würde« begegnet uns irgendwann am Beginn unseres Lebens fast immer im Zusammenhang mit Wut und Schmerz. Und sobald wir die Bezeichnung für diesen Schmerz kennen, öffnet sich eine wundersame, aber beängstigende Welt neuer Dinge, vor denen wir auf der Hut sein müssen. Dieser unumkehrbare Prozess stärkt nicht nur unsere Persönlichkeit, sondern ermöglicht es auch, uns einer bestimmten Gruppe von Menschen zugehörig zu fühlen, die sich im Lauf der Geschichte für den Schutz unserer Würde geopfert haben. Wirklich menschlich werden wir tatsächlich erst an dem Tag, an dem wir dieses Wort lernen. Den ganzen Raum, den ein Mensch einnehmen sollte, füllen wir erst, wenn uns die Erniedrigung nicht mehr verzwergt. Manche lernen das Wort nach dem Schmerz, bei anderen folgt der Schmerz dem Wort.

»In einer armen Familie mit zu vielen Kindern kannst du dir Stolz nicht leisten. Du würdest verhungern.«

Die Dorfkinder fallen über das Essen her, das man auf ein am Boden ausgebreitetes Tischtuch gestellt hat. Im Gemeindesaal steht zwar ein Tisch, aber der ist für die Gäste aus der Stadt reserviert. Die Gäste, Mitglieder einer »strikt unpolitischen« Frauenorganisation, sind hier, in dem abgelegenen Dorf nahe der kurdisch-assyrischen Stadt Mardin im Südosten der Türkei, um den 8. März, den Internationalen Frauentag, zu begehen. Es ist eine kurze und reichlich absurde Feier: Während die Städter auf dem Schulhof stehen und sich gegenseitig Vorträge über Gleichberechtigung und Frauenrechte halten, hängt eine Künstlerin im Rahmen einer Performance (oder was auch immer) schweigend Spiegel an den Metallzaun.

Hinter dem Zaun stehen die kurdischen Dorffrauen und beobachten das Ganze. Sie verstehen zwar kein Wort, spüren aber, dass sie bei diesem hastig vorbereiteten Spektakel nur als Staffage dienen. Kaum ist die Zeremonie beendet, ziehen sie sich in aller Stille höflich zurück. Nur ihre Kinder bleiben noch und sichern sich das Einzige, was man ihnen hier bietet: Brot und Fleisch. Die Leute aus der Stadt, die sich eigentlich an den Tisch setzen und essen sollen, bleiben ein Stück entfernt stehen und sehen den Kindern zu. Ihre *Ahs* und *Ohs* klingen weniger nach Zuneigung als nach Mitleid.

Der Journalismus besitzt die moralische Annehmlichkeit, sich nicht auf eine bestimmte Seite stellen zu müssen, zumindest nicht körperlich. Deshalb bleibe ich, fünfundzwanzig und ziemlich fassungslos, am Rand des Geschehens. Harbiye, eine Frau in meinem Alter und die einzige Lehrerin im Dorf, steht neben mir. Sie wurde hier geboren, wuchs als eines der vielen von ihr erwähnten Kinder in einer armen Familie auf, studierte in einer Stadt im Westen der Türkei und begegnete dort dem Blick der »strikt unpolitischen« Mittelschichtstürken. In provozierendem Tonfall sagt sie zu mir: »Du bist nur deshalb so schockiert, weil du nicht weißt, was Hunger ist.«

»Hunger schockiert mich nicht«, erwidere ich. »Und die Kinder müssen auch nicht stolz sein. Aber man könnte sie mit etwas Würde behandeln.«

Harbiye ist eine von den Kurdinnen mit kerzengerader Haltung und strenger Miene. Beides deutet darauf hin, dass ihre Empörung im Lauf der Jahre dank der Erfahrung solcher Gnadenakte kontinuierlich gewachsen ist. Doch nach meiner Erwiderung umspielt ein kleines Lächeln ihre Mundwinkel, und sie wählt ihre Worte sorgsam, um nicht so zu klingen, als würde sie Zugeständnisse machen. »Für die Frauen ist es zu spät, aber unsere Kinder werden es bald lernen.« Sie blickt mich noch immer nicht an. »Ich werde ihnen beibringen, dass Brot, das Würdelosigkeit mit sich bringt, giftig ist.« Ihre Kiefer mahlen ununterbrochen. Es sieht aus, als wollte sie etwas hinunterschlucken.

Zwar hat die Menschheit vor nicht allzu langer Zeit beschlossen, die Würde als eines ihrer Wesensmerkmale zu betrachten, doch womöglich ist sie das gar nicht. Nachdem wir bereits Jahrtausende gemeinsam auf diesem Planeten verbracht hatten, schlossen wir im Zeitalter der Aufklärung einen Pakt mit der Zukunft, in dem die Würde zu einem unabdingbaren Wert erklärt wurde. Als sich Europa von seinen Monarchen befreite, taten sich die Machtlosen zusammen und forderten von den Privilegierten eine Verbeugung vor dem großen Wort. Nach all dem Blut, das man im Namen der Würde vergossen hatte, erkannten wir, dass es der Mühe wert wäre, dieses Merkmal des Menschlichen zu schützen. Seitdem unterweisen wir die jeweils neuesten Angehörigen unserer Spezies in Sachen Würde und lernen selbst noch immer dazu. Und während wir dazulernen, verändern wir sowohl die Bedeutung des Wortes als auch unseren Lernprozess so sehr, dass wir es heute wohl ganz anders ausrufen als unsere Vorgänger.

Im ersten Jahrzehnt des 21. Jahrhunderts füllten sich die großen Plätze in den Städten mit Menschen, die alle dasselbe forderten: Würde. Bei den Protesten in Seattle 1999, den Aufständen in arabischen Ländern und den Massendemonstrationen in Europa und den Vereinigten Staaten gellte ein einziger millionenfacher Schrei. Er klang, als würden sich die Menschen den Kloß aus der Kehle reißen, den sie jahrzehntelang hinunterzuschlucken versucht hatten. Den Demonstranten ging es weder um das eigene materielle Überleben in einem brutalen Wirtschaftssystem, noch schrien sie nach dringend notwendiger Gleichheit in einer zutiefst ungerechten Welt. Sie brachten in vielen Sprachen, aber wie aus einem Mund zum Ausdruck, dass der Wert eines Menschen nicht in einen Marktpreis gefasst werden kann und darf. Sie forderten, als menschliche Wesen anerkannt und mit der entsprechenden Würde behandelt zu werden.

Diese Demonstrationen und Aufstände wurden durch die Mächtigen der Welt niedergeschlagen oder als unwichtig abgetan. Zehn Jahre nach den Tahrir-Protesten geschah dann etwas, das zunächst keinen Zusammenhang erkennen ließ. Die erstarkenden rechtspopulistischen Politiker, die rings um den Globus die politische Macht an sich zu reißen begannen, wählten das Wort »Stolz« als gemeinsame Losung. Anhänger wurden in verschiedenen Sprachen, aber immer unter dem gleichen Banner organisiert und mobilisiert: »Wir wollen unseren Stolz zurück!« Für den Rechtspopulismus war es ein Leichtes, mit dem vergifteten Motto Wut zu schüren, und abgewandelte Slogans folgten: *Ungarn zuerst! Make America great again! Let's take back control!*

Die immensen Unterschiede zwischen »Stolz« und »Würde« gingen in dem ganzen Lärm beinahe unter.

Die beiden Begriffe scheinen in ihrer Bedeutung so ähnlich zu sein, dass sie verwechselt werden könnten. Doch es gibt einen entscheidenden Unterschied: Stolz teilt die Massen in »wir und die anderen«, während es bei Würde um ein »uns« geht, das niemanden ausschließt. Dieses Einssein gehört notwendig zur Bedeutung von Würde. Würde meint einen Selbstwert, der keiner Beurteilung von außen bedarf, während sich Stolz auf den Wert bezieht, den andere uns beimessen. Wer

Stolz wiederherstellen will, fordert dessen Anerkennung durch *die anderen* in einem Akt der Gewalt und stellt in Aussicht, dass dieser Akt den Schmerz über *unseren* zerstörten Stolz lindern wird. Die Forderung nach Würde beinhaltet dagegen eine umfassende Änderung des Systems, das für die Ungerechtigkeit verantwortlich ist und in dem nur diejenigen menschlich behandelt werden, die es sich leisten können.

Seit das Wort »Stolz« die politische Weltbühne besetzt, kämpfen die Streiter für die Würde gleich an zwei Fronten: gegen das System, das den wesenhaften Wert des Menschen durch einen Marktpreis ersetzt hat, und gegen alle, die ihre politische Energie wissentlich oder unwissentlich in den Dienst dieses Systems stellen. Es gibt angenehmere Aufgaben, als Menschen auf der wütenden Suche nach Stolz zu erklären, dass sie in Wahrheit einen inneren Schmerz empfinden, den man Würde nennt. Die Korrektur eines so großen Irrtums ist wesentlich schwieriger, als einem Kind beizubringen, dass es nicht das Brot der Erniedrigung essen soll, wenn es hungert.

Zum Glück lernt man Würde nicht nur durch Schmerz, sondern auch durch die Freude, die bei ihrer Verteidigung aufkommt. Genau das wollten die Leute am Beginn des 21. Jahrhunderts auf den Plätzen der Großstädte dem Rest der Welt vermitteln – nicht nur mit ihren Slogans und Plakaten, sondern auch mit kurzen Einblicken in ein neues Leben, das nur für den fröhlich wird, der auf der Seite der Würde für alle steht.

Ich habe in den letzten zehn Jahren viel Enttäuschung über diese Proteste wahrgenommen, weil sie die Welt nicht verändert haben. Eines wurde jedoch erreicht – und hat die Geschichte wahrlich verändert: Die Proteste haben begonnen, das Narrativ der Würde so gründlich umzuschreiben, dass die Widerstandsbewegungen im gesamten Rest des Jahrhunderts nicht mehr die alten sein werden. Die Protestierenden haben in riesiger Zahl und leibhaftig gezeigt, wie schön und belebend es ist, hinten bei den »Verlierern« zu sitzen, und die befriedigende Lässigkeit vorgeführt, mit der man zum Brot der Erniedrigung Nein sagen kann. Sie haben die schwierigste Leistung in der Geschichte des Widerstands erbracht: Sie haben auf den großen Plätzen im Herzen ihrer Länder lauter Miniaturleben geschaffen und gezeigt, wie das Leben wäre, wenn sie über das System der Erniedrigung siegen würden. Die Freude an diesem neuen Leben verkörperten sie sogar inmitten von Tränengas und Polizeigewalt. Weil sie aus unterschiedlichen sozialen Schichten stammten, haben sie obendrein gezeigt, dass jeder beim Bau der Welt mithelfen kann und niemand zu ohnmächtig ist, als dass er sich nicht wie ein Mensch verhalten könnte, der Würde besitzt. Alle diese Menschen aus den unterschiedlichsten Ländern haben bewiesen, dass sich der Kloß im Hals durch den Jubel darüber ersetzen lässt, eine Wolke geschluckt zu haben. Sie haben uns Würde in ihrer zartesten Form gezeigt, und das ist wahrlich nicht wenig.

Am 26. Mai 2018 applaudierten die Franzosen einem jungen Mann aus Mali namens Mamoudou Gassama, dem »Spiderman des 18. Arrondissements«.

Gassama hatte ein vierjähriges Kind von einem Balkon im vierten Stock herabhängen sehen und keine Sekunde gezögert. Er war an der Fassade hochgeklettert und hatte den Jungen gerettet. Einige Tage danach bekam er von Präsident Emmanuel Macron die französische Staatsbürgerschaft, eine Ehrenmedaille und einen Job bei der Feuerwehr. In jeder Nachrichtenmeldung über Gassama hieß es, er habe sich seit Monaten als illegaler Einwanderer im Land aufgehalten und keinerlei Perspektive gehabt. Bis zu seiner Heldentat.

Trotz meiner äußerst rudimentären Französischkenntnisse sah ich mir in Zagreb alle Interviews mit ihm an. Dort hatte ich nach einer emotional aufreibenden Prozedur zum zweiten Mal eine befristete Aufenthaltserlaubnis erhalten, weil ich in der Türkei aus politischen Gründen nicht mehr leben konnte. Gassamas Gesicht wirkte wie eine Geschichte, die sich permanent selbst redigierte. Er wollte seine Tat nicht als heroisch verstanden wissen, sondern als eine freundliche, aber ganz selbstverständliche humane Intervention. Mit umsichtig gewählten Worten versuchte er der Welt klarzumachen, dass er kein bewundernswertes Opfer war, sondern schlicht ein Mensch. Denn wie Gassama und ich nur allzu gut wissen, besteht der merkwürdigste Verlust, den das neue Leben des Geflüchteten im fremden Land mit sich bringt, in der Tatsache, dass einen niemand mehr um Hilfe bittet. Die Einheimischen kommen mental und emotional besser zurecht, wenn sie den Geflüchteten oder Exilanten ausschließlich als Empfänger von Hilfe betrachten.

Einen Geflüchteten mit bestimmten Grundbedürfnissen willkommen zu heißen, fällt der Aufnahmegesellschaft allemal leichter, als zu akzeptieren, dass sie womöglich einen echten Menschen, ein neues Leben bei sich begrüßt. Die zeitlich begrenzte Erfüllung der Grundbedürfnisse eines solchen Individuums ist weniger beängstigend, als sich den Geflüchteten als ein neues ständiges Mitglied der Gesellschaft vorzustellen. So wahrgenommen zu werden führt jedoch zu einer seltsamen Form von Einsamkeit und hinterlässt Spuren. Wer immer nur als Opfer gilt, dem geholfen werden muss, nimmt einen schwer zu beschreibenden Schaden an seiner Würde. Man lernt, dass der Wert eines Menschen auf zahllose Arten ignoriert, aber auch auf zahlreiche Arten anerkannt werden kann.

»Wir möchten helfen, und wir haben auch schon einen Plan.«
Winter 2009. Ich stehe in einem Lagerhaus, in dem eine Gruppe Müllsammler weggeworfenes Plastik und Papier deponiert, um es später zu verkaufen. Wir befinden uns in Tarlabaşı, einem der problematischsten Viertel Istanbuls. Obwohl der Stadtteil nur wenige hundert Meter vom Taksim-Platz, dem Herzen Istanbuls, entfernt liegt, war Tarlabaşı bis zur kürzlich erfolgten Umsetzung einer brutalen Stadtplanung das Zuhause von Angehörigen der Unterschicht und von illegalen Migranten aller Nationalitäten. An diesem Abend geht es bei dem Treffen mit den Müllsammlern um meinen Roman, der demnächst erscheinen soll.

»Wir sind dir etwas schuldig, Schwester.«

Ich winke höflich ab. Die sogenannte Schuld bezieht sich darauf, dass ich vor Jahren in meiner Zeitungskolumne einige Male über die Müllsammler geschrieben habe, weil das Großkapital im Verein mit den städtischen Behörden damals gegen sie vorging. Sie standen der Monopolisierung des Recycling-Geschäfts im Weg und sollten schlicht verschwinden. Einige Tausend Familien hätten keinerlei Einkommen mehr gehabt. Daraufhin organisierten die Müllsammler in mehreren Städten den Widerstand gegen das Vorhaben, und meine Kolumnen haben möglicherweise ein wenig zum Erfolg beigetragen.

Da einige von ihnen gern und viel lasen, wussten sie an jenem Abend alle, dass mein neuer Roman bald erscheinen würde, und boten sich liebenswürdigerweise an, mir zu helfen. Aus Höflichkeit akzeptierte ich ihren geheimen PR-Plan, ohne mir viel zu erwarten. Doch zu meiner großen Überraschung war wenige Tage darauf an vielen Wänden und Mauern in mehreren türkischen Großstädten der Titel meines Romans in Schablonenschrift zu lesen. Für mich ist das noch heute die coolste Werbekampagne, die ein Buch je bekommen hat, auch wenn ich bisher nicht darüber reden durfte, um unser Geheimnis nicht preiszugeben.

Einen Monat später ging ich wieder in das Lagerhaus, um mich bei ihnen zu bedanken. Komplizenschaft hat etwas Prickelndes, aber noch schöner fand ich an diesem Abend, mit welcher Freude, ritterlichen Würde und leichten Selbstironie sie mir von ihren Schablonier-Abenteuern erzählten. »Ha! So schnell bin ich noch nie vor der Polizei weggerannt.« »Weißt du noch, die alte Frau, die gedacht hat, wir würden politische Parolen hinschreiben? Mann, war die sauer!« »›Literatur, gnä' Frau, Li-te-ra-tuuur! Wir dienen dem kulturellen Fortschritt!‹, habe ich zurückgeschrien. Ha!« »Ich bin von der Farbe high geworden, das machen wir auf jeden Fall noch mal!« Als das gesehen zu werden, was sie waren – menschliche Wesen, die Leuten helfen konnten, denen es allem Anschein nach besser ging als ihnen –, ließ sie aufblühen. Die Freude übertraf die Ungleichheit, die uns in unterschiedliche soziale Klassen gesteckt hatte.

Wenn von einem menschlichen Wesensmerkmal wie Liebe oder Würde gesprochen wird, dessen Kraft Klassenunterschiede und soziale Ungleichheit überwinden könne, besteht immer die Gefahr, missverstanden zu werden. Solche Behauptungen bedürfen der Differenzierung. Es gilt zu verdeutlichen, dass sich Würde nicht ohne Gleichheit wiederherstellen lässt und dass Liebe nicht möglich ist, wenn das System auf brutaler Härte basiert. Das Problem mit der Würde geht aber über Ungleichheit, Ausbeutung und Unterdrückung hinaus. Auch ein Mensch, der alle denkbaren Privilegien genießt, könnte als wertlos abgetan werden und müsste seine Empörung darüber hinunterschlucken.

In der weichen Luft der ersten Frühlingswochen erinnert der Bosporus an das Bild einer idyllischen Welt, wie es ein fünfjähriges Kind zeichnen würde. Das Meer ist blau, die Wolken sind weiß, und die Sonne lacht. Im Jahr 2011 füllt dieses Bild die breiten Fenster meines Redaktionsbüros. Ein großer Raum, sehr schick und von mir mit Dingen ausgestattet, die dort eigentlich nichts zu suchen haben: Osama-bin-Laden-, Saddam- und Gaddafi-Masken aus Beirut, Hisbollah-Fahnen aus dem Kongo, Nippes aus Armenien, Geschenke von politischen Gefangenen. Mein Büro ist zwar ein einziges Durcheinander, aber auch der einzige Raum des Gebäudes, in dem man Hochprozentiges aus der ganzen Welt angeboten bekommt, unter anderem samtig weichen Cognac aus Eriwan, den besten, der für – relativ wenig – Geld zu kriegen ist. Es ist einer dieser erschöpften frühen Abende, kurz nachdem die Zeitung in Druck gegangen ist. Plötzlich taucht die Nummer zwei des Medienunternehmens in meinem Büro auf. Weil der Mann über untadelige Manieren verfügt, ist es gänzlich untypisch für ihn, seinen mächtigen Körper ohne ein Wort in meinen Sessel plumpsen zu lassen. Nachdem er verzweifelt aufgeseufzt hat, beginnt er seinen Monolog.

»Es gab da neulich einen Vorfall, aber das bleibt unter uns.« (Den Machtlosen zuzuhören ist gut, aber den Mächtigen?) »Wir waren oben beim Chef und standen kurz vor einem Deal mit einem Firmeninhaber.« (Mitwisser der Mächtigen zu sein, war noch nie von Vorteil!) »Der Fernseher lief, und wir wollten gerade einschlagen, da bringen die Nachrichten ausgerechnet in diesem Moment einen Bericht über die Kurdenfrage, und wie Sie ja wissen, bin ich Kurde.« Alle auf seiner Macht gründenden Züge der Erhabenheit verschwinden aus seinem Gesicht. »Und er sagt: ›Die gehören alle erledigt, dann wäre es endlich vorbei.‹«

Er sah mich an wie ein geprügelter Hund. »Und ich konnte nichts entgegnen.«

Die lähmende Stille im Raum wurde durch das Erscheinen des Teemanns durchbrochen, eines jungen, wortkargen Kurden, der den Chef mit bemühtem Istanbuler Akzent fragte, ob er etwas wünsche. Plötzlich wechselte der Chef ins Kurdische, was den Teemann zunächst verblüffte. Der Klang kurdischer Wörter in diesem Gebäude überraschte ihn dermaßen, dass ihm die Vokabeln seiner eigenen Muttersprache nicht mehr einfielen. Sie tauschten nur ein paar Sätze aus, doch die genügten, um ihre Mienen in ein Kinderbild zweier glücklicher Männer zu verwandeln. Eine Schnellreparatur der Würde für alle beide.

Das Wort »Würde« kann alle gesellschaftlichen Ebenen durchdringen – von ganz oben, wo die großen Deals gemacht werden, bis ganz unten, wo mit hängenden Schultern der Teemann hockt. Ebendeshalb könnte das Wort heute, im Schlussakt unseres Systems, die Kraft haben, Menschen zusammenzubringen, die ein besseres Leben aufbauen möchten.

Während ich dies in der ersten Woche des Jahres 2020 schrieb, war in vielen türkischen Social-Media-Postings der Satz »In Erinnerung an die beste Zeit unseres Lebens« zu lesen.

Obwohl auf jedem Foto Tränengas zu sehen war, dachten die Teilnehmer an den Gezi-Protesten, die mehr als einen Monat lang das ganze Land erfasst hatten, lieber an die Lebensfreude von damals zurück. Nur wenige Monate später rief George Floyd auf der anderen Seite des Atlantiks, in Minneapolis, die letzten Worte seines Lebens: »I can't breathe.« Während sein Schrei Widerhall in den Tausenden fand, die in Amerika auf die Straße gingen, fielen den Gezi-Veteranen die zahlreichen Ähnlichkeiten zwischen den beiden Massenprotesten auf. Der

Hinweis auf die fast identischen Aktionen entsprang keiner gründlichen politischen Analyse, sondern der Verbundenheit mit Menschen, die ihre beflügelte Würde mit der gleichen Freude feierten wie Jahre zuvor sie selbst. Als in europäischen Städten Solidaritätsdemos starteten, hatte man das Gefühl, ein langer Spaziergang würde nach acht Jahren Pause endlich fortgesetzt. Auch wenn der Spaziergang durch den Gezi-Park – und davor über Kairos Tahrir-Platz – ins Stocken geraten war, besaß er noch genug Schwung, um von Minneapolis bis zum Trafalgar Square und zum Ausruf desselben Worts zu führen: Würde.

Man muss kein Nachwuchs-Marxist »auf der Suche nach Anzeichen der Revolution« sein und auch kein übereifriger Aktivist, um festzustellen, dass der Kapitalismus, wie wir ihn kennen, vor dem Ende steht. Immer mehr Menschen schreien offen heraus, dass der Vertrag mit dem Kapitalismus nicht nur den Vertrag mit der Demokratie verletzt, sondern auch den mit den Menschenrechten, in dem die Würde des Menschen einst für unantastbar erklärt wurde. Die Völker der Welt sind schwer verletzt. Da sind Hunger und hilflose Verzweiflung angesichts der bestehenden Ungleichheit und Ungerechtigkeit, aber auch Wunden, die noch tiefer gehen. Doch während ich über diesen existenziellen Schmerz schreibe, sieht sich die ganze Welt an, wozu Menschen imstande sind. Die Freude der Würde, die sie empfinden, bringt uns allen in Erinnerung, dass wir noch viel über dieses Wort lernen müssen. Und wer weiß? Wenn wir oft genug an die Freude der Würde erinnert werden, verändert vielleicht das Wort selbst eines Tages die Welt. Ich würde sogar darauf wetten.

5

AUFMERKSAMKEIT STATT WUT

»Siehst du den Großen? Der ist gleich erledigt.«

Wie alle anderen auf der Straße bleibe auch ich stehen, um einen frühmorgendlichen Verkehrsstreit mitzuverfolgen. Solche für Istanbul typischen Spektakel ereignen sich immer ganz unerwartet, quasi als Druckentlastungsventile für die ganze Stadt.

Die Zuschauer sind relativ entspannt, denn alle kennen den üblichen Hergang: Auf ein paar Fausthiebe zu Beginn folgt das Murren des Publikums über die heutzutage nicht mehr vorhandenen Manieren, woraufhin man innerhalb von fünf Minuten ohne jedes dramatische Finale wieder seiner Wege geht. Doch obwohl jeder weiß, wie die Sache abläuft, bleibt die spezifische Istanbuler Begleiterscheinung jedes Streits auf offener Straße nie aus: die Live-Kommentierung. In lockeren Grüppchen tun die Morgenpendler ihre spontanen Überlegungen zur Sache kund. Der etwa vierzigjährige Obdachlose neben mir kann seine fachmännische Prognose über den wahrscheinlichen Ausgang gar nicht schnell genug loswerden. Er erinnert mich in seinem Eifer an einen miesen Schüler, der dieses eine Mal die Antwort auf die Frage der Lehrerin weiß.

»Der Große da, der mit dem schnieken SUV – der ist schuld. Gleich zieht er den Schwanz ein und setzt sich wieder ins Auto. Pass auf, wie er fluchen wird, um das Gesicht zu wahren!« Als ich ihn um eine gründlichere Analyse bitte, tut er erst so, als hätte er keine Lust, doch dann sagt er: »Am Schluss gewinnen immer die Wütenden, nicht die Mächtigen.«

Schlagartig interessiere ich mich mehr für meinen Gesprächspartner als für die Prügelei. Die Phantomschläge, die er spürt, bringen seine Brustmuskeln zum Zucken, und der Sieg, den seine Augen voraussehen, fühlt sich fast wie sein eigener an. Plötzlich ist er quicklebendig in seinem kaputten Körper.

Wut tut gut. Ein herrlich zugespitzter Gemütszustand, der eine Schneise durch den Dschungel ermüdender Komplexität schlägt. Wut lässt alles andere auf magische Weise verschwimmen und strahlt in der Reinheit einer einzigen Emotion. Wie sinnlich ihre Schlichtheit! Insgeheim liebt sie jeder, weil nur sie das Ungleichgewicht der Macht aufheben kann, das uns schwächt. Der Glaube an diese für jeden verfügbare Geheimwaffe verwandelt noch den Sanftmütigsten gefühlt in einen schlafenden David, obwohl – und gerade weil – Goliath täglich den Sieg über ihn davonträgt. Nicht zufällig beginnt die älteste Geschichte der Welt, die *Ilias*, mit dem Wort »Wut« (beziehungsweise »Zorn« oder »Groll«, Anm. d. Übers.). Die Unterlegenen, die Gebrochenen und die Außenseiter finden in der Historie nur dann Gehör, wenn sie in Wut geraten. Seit unvordenklichen Zeiten ist Wut die Tinte, mit der sich die Abgeschriebenen in die Menschheitsgeschichte wiedereinschreiben können. Deshalb lieben wir die Wut nicht nur, sondern glauben auch seit dem Tag, an dem wir zum ersten Mal Gerechtigkeit forderten, an ihre Macht.

Ich bin mir aber, ehrlich gesagt, nicht mehr sicher, ob Wut

heute ausreicht, um die Wälder der Komplexität zu durchdringen, den Sumpf der Bequemlichkeit auszutrocknen und zum gerechten Kampf und schließlich zum Sieg des Guten, Rechtmäßigen zu führen. Kann der Kleine, wenn er nur wütend genug ist, seinen Goliath wirklich in den SUV zurückstoßen, oder sollte der Obdachlose seinem Bauchgefühl eher misstrauen?

»Nehmen wir an, Sie sind wütend auf einen Flacherdler. Gut, und wie überzeugen Sie ihn nun? Sie zeigen ihm ein Satellitenfoto unseres Planeten. Er erwidert im Brustton der Überzeugung: ›Das ist gephotoshopt!‹ Sie erzählen ihm, Sie seien mit mehreren Freunden im Weltraum gewesen und hätten mit eigenen Augen gesehen, dass die Erde rund ist. Er grinst. ›Sie sind doch nur ein Handlanger der Regierung, einer von diesen Fake-News-Typen.‹ Jetzt werden Sie richtig wütend. Sie kratzen Ihre gesamten Erparnisse zusammen, mieten ein Raumschiff und fliegen mit dem Kerl ins All. Soll er selbst sehen, dass die Erde rund ist! Er daraufhin mit der ungetrübten Selbstgewissheit des Ignoranten: ›Tja, wir glauben aber nun mal was anderes.‹

Da haben Sie den Salat: Das Problem ist ein philosophisches geworden. Sie müssen jetzt beweisen, dass Sehen stichhaltiger ist als Glauben. Plötzlich prallen wegen der Behauptung einer simplen Tatsache Wissenschaft und Glaube aufeinander. Sie verdrehen zwar angesichts dieser unfassbaren Dummheit die Augen, beschließen aber trotzdem, noch einmal einen Kampf auszufechten, von dem Sie dachten, er wäre bereits im Mittelalter gewonnen worden. Und jetzt wird die Frage politisch, denn Sie müssen die Mehrheit der Leute gegen diese Soldaten der Idiotie um sich scharen. Sie müssen organisieren und Solidarität zwischen sich und dem vermeintlich kleinen Haufen noch vernünftiger Menschen auf dieser kugelrunden Erde aufbauen. Und das, mein Freund, erfordert sehr viel mehr, als auf den Flacherdler, Klimaleugner, Trump-Wähler, Brexiteer, Modi-Anhänger, Frauenfeind, enthusiastischen Neoliberalen und so weiter einfach nur wütend zu sein.«

Nachdem ich gerade in der Maynooth University in Dublin die Dean's Lecture des Jahres 2019 gehalten habe, richte ich diese Worte nun an einen Studenten, dem der Titel meines Vortrags nicht gefällt: »Die Freuden der Würde und das Böse der Banalität – Der philosophische Zusammenprall grundlegender menschlicher Werte mit der politisch verordneten Niedertracht der Gegenwart«. Dem jungen Mann fehlt etwas in diesem Vortrag … etwas über die Wut. Er spricht das Wort »Wut« so aus, als würde es ihm nicht genügen; er braucht ein Wort, das wütender ist als Wut. Damit ist er nicht allein, und ich erinnere mich selbst sehr gut an dieses Gefühl. Ich war früher *richtig, richtig* wütend. So wütend, dass mich die Empörung über Leute, die nie wütend wurden, vollends austicken ließ. Jetzt hält er mich wahrscheinlich für die typische Tusse im Elfenbeinturm, die sich mit Gedankenspielchen beschäftigen darf und dabei den Luxus *völliger Gefühlsblindheit* genießt. Während sein Körper unter den Phantomhieben zuckt, die er mir versetzt, richte ich meine Aufmerksamkeit auf seine Wut. Denn hinter ihr entsteht eine neue politische Welt.

Im Verlauf der Geschichte hat jede Erfindung einer neuen Waffe nicht nur die Art zu kämpfen verändert, sondern auch die Menschen selbst. Und weil wir es heute mit einem vollkommen neuen Schlachtfeld und völlig andersartigen Waffen zu tun haben, stecken wir, die Fußsoldaten dieses neuen Kampfes, mitten in einem Transformationsprozess.

Die neue Waffe sind die sozialen Medien, und so wie früher Radio und Fernsehen verändern auch sie die Menschen, den

Zeitgeist und unseren Kampf für fundamentale menschliche Werte. In diesem Augenblick ähneln wir allerdings den Leuten, die in der Zeit, als die Menschen Kontrolle über die Elektrizität erlangten, elektromagnetische Séancen abhielten. Ein anderer Vergleich wären die älteren Herrschaften, die in der Frühzeit des Fernsehens den Nachrichtensprecher zurückgrüßten. Wir haben noch immer nicht wirklich herausgefunden, wie wir uns moralisch, politisch und sogar physisch in diesem neuen, digitalen Zeitalter positionieren sollen, geschweige denn wie wir es regulieren könnten.

Das freundliche Gesicht dieses neuen technischen Wunders macht die Sache nicht einfacher. Mit ihrer selbst proklamierten Hingabe an die »Redefreiheit« wiegen uns die sozialen Medien in der Illusion, wir würden in einem öffentlichen Raum als vollkommen Gleiche agieren, wie auf der griechischen Agora, dem Entstehungsort der Demokratie. Dabei ist die Plattform, auf der die Politik und die Moralvorstellungen unserer Zeit entstehen, de facto Privateigentum. Wenn wir uns politisch engagieren, unsere Wut zum Ausdruck bringen oder zum Widerstand aufrufen, tun wir das sozusagen in einem fremden Garten – und in der irrigen Annahme, die Plattform gehörte »uns, dem Volk«.

Der einzige Nutzen, den wir aus diesem grenzenlosen digitalen Garten ziehen, ist die Freude darüber, online existieren und das längst grundlegende Menschenrecht auf Kommunikation ausüben zu dürfen. Im Gegenzug händigen wir mit jedem »Gefällt mir«, jedem Kommentar und jedem »Folge ich« unsere privaten Daten aus, die dann als Ware an den Meistbietenden verkauft werden. Und weil die Eigentümer des digitalen Raums immer mehr Daten brauchen, um ihre Einnahmen zu steigern, gestalten sie ihre Plattformen so, dass unser Interesse nie erlahmt. Die einzige Maßnahme, mit der man uns garantiert bei der Stange hält, ist die ständige Erregung von Emotionen.

Genau das ist diesen Unternehmen extrem leicht gemacht worden. In den letzten Jahrzehnten hat man die Politik infantilisiert und Gefühle zu den Hauptdarstellern unseres Lebens und unserer sozialen Interaktionen gemacht. Heute geht es nicht mehr darum, was man denkt oder weiß, sondern darum, was man *likt* oder *hasst*. Unabhängig von der Wahrheit ist die Antwort immer, was man *glaubt*. Das ist für die Eigentümer der digitalen Gärten ziemlich praktisch, denn das Artikulieren von Emotionen stellt eine nie endende Beschäftigung dar. Wie in dem Streit mit dem Flacherdler kommt ein auf Glauben und Gefühl basierender Dissens nie an ein Ende. Alles muss wieder und wieder mit immer anderen Worten gesagt werden, und wenn Tatsachen nicht weiterbringen, sucht sogar der logisch Denkende frustriert Zuflucht in der Emotion. Und die Kasse klingelt weiter.

Wut ist das intensivste und mit Abstand profitabelste Gefühl und obendrein das effizienteste Werkzeug, mit dem der Einzelne in chaotischen Zeiten wie diesen seine Ängste und Enttäuschungen zusammenflicken kann. Sie führt zu der optimistischen Annahme, unsere entfesselte Wut werde die Machtverhältnisse umkehren. In Wahrheit aber macht uns die permanente Wutbekundung mit ihrem bloßen Anschein von politischem oder sozialem Engagement nur noch gefügiger.

In jeder Sprache entstehen Wut-Communitys, die sich Tag für Tag befeuern, indem sie auf jedes neue von den Mächtigen verursachte Übel mit Zähneknirschen reagieren. Diese Communitys kreieren eigene Vokabulare und Codes und legen die Messlatte der Wutintensität immer höher. Aus Angst, er könnte nicht mehr dazugehören, versucht der Einzelne mit dem jeweils neuen Standard mitzuhalten. Sobald einer von ihnen verstummt, erregt er den Argwohn der ganzen Community. *Ist er feige geworden? Hat er den Kampf aufgegeben? Ist sie jetzt völlig gefühlsblind?*

Die Wut, die eigentlich der ungerechten Maßnahme oder dem bösartigen Akteur gelten soll, richtet sich nach und nach gegen diejenigen, die sie äußern – oder eben nicht deutlich genug äußern. Schon nach kurzer Zeit reduzieren das Engagement innerhalb dieser Communitys und die pausenlosen Wutbekundungen die Verbindung zum eigentlichen politischen Bereich, bis sie irgendwann nur noch aus Wut besteht. Der Wutlärm lässt kaum mehr Raum für klare Gedanken oder für den Blick auf das, was hinter der Wut passiert, auf das Ereignis, durch das sie überhaupt ausgelöst wurde. Sobald überschießende Wut in die Sphäre der Kommunikation einfällt, erkennt man nicht mehr, dass sie im profitorientierten digitalen Privatgarten niemals geduldet worden wäre, wenn sie die bestehenden Machtunterschiede tatsächlich verändern könnte.

»Eine Verzögerung von drei bis sechs Monaten« steht im Risikobewertungsbericht. Es ist der Klassiker: Ein Unternehmen, in diesem Fall Alamos of Canada, betreibt Goldförderung im Ida-Gebirge nahe dem antiken Troja, einer der schönsten und historisch interessantesten Landschaften der nordwestlichen Türkei, und setzt dabei Cyanid ein. Sofort nach dem Start des Projekts 2019 begannen die Leute aus der Region dagegen zu protestieren und wurden bald von Tausenden anderen unterstützt. »Mahnwache für Wasser und Bewusstheit« nannten sie ihre Occupy-ähnliche Aktion.

Nachdem die Proteste den Abbruch des Projekts erzwungen hatten, schien eine Zeit lang alles wieder in Ordnung zu sein. Die Leute mit der gerechten Wut, die nötig gewesen war, um das Projekt zu stoppen, wandten sich dem nächsten Ziel zu.

Wenige Wochen später wurde dank guter journalistischer Arbeit der Risikobewertungsbericht publik, in dem sich unter anderem eine Analyse der öffentlichen Reaktion fand. Diese wurde als geringfügiger Rückschlag bewertet, der das Projekt höchstens ein halbes Jahr lang verhindern werde. Das Unternehmen hatte also die ganze Wut beziehungsweise ihre deutlichsten Bekundungen berechnet, monetarisiert und als Posten in die Ausgabenaufstellung aufgenommen.

Nachdem sie von dem Bericht erfahren hatten, nahmen die Menschen aus der Region ihre Proteste wieder auf und verliehen ihnen diesmal mehr Durchschlagskraft. Mit den Liedern und der Volksfestatmosphäre war es vorbei; stattdessen ließen sie sich immer wieder vor Ort blicken. Permanente Aufmerksamkeit gehörte von nun an zu ihrem Leben, weil ihnen klar war, dass der Kampf für menschliche Werte oder für die Natur heutzutage nicht davon abhängt, wie wütend man ist oder wie laut man schreit, sondern von der Dauer der eigenen ungebrochenen Aufmerksamkeit. Und sie lernten, dass sich permanente Aufmerksamkeit nicht so leicht im Risikobewertungsbericht eines Unternehmens anführen lässt wie folgenlose Wut. Damit ihre Gegend und ihre Kinder überleben würden, richteten sie ihre ganze Aufmerksamkeit auf die Schachzüge der Mächtigen, anstatt ihre Zeit und Energie mit Gefühlsäußerungen zu verschwenden. Trotzdem bin ich mir sicher, dass sie die Wut sehr, sehr vermissten.

»Das Wütendsein fehlt mir«, erzählte ich meinem Therapeuten.

Zum ersten Mal seit fast einem Jahr hatte ich um eine Skype-Sitzung gebeten. Als ich ihm meinen aktuellen Gemütszustand beschrieb, wurde sein Lächeln auf dem Bildschirm pixelig. »Ich weiß nicht, ob das eher eine psychologische oder eine philosophische Frage ist, aber ich habe in letzter Zeit bemerkt, dass ich keine Wut mehr empfinde. Vielleicht findet man Wut einfach nicht wichtig, wenn man ums Überleben kämpft.«

Wer sich aufs Überleben konzentriert – so wie ich, nachdem ich mein Land gezwungenermaßen verlassen habe –, wer in einem Zustand ständiger Unsicherheit lebt, dessen Gefühle frieren ein. Alles dreht sich nur noch darum, in Würde weiterzumachen. Für Wut ist da kein Platz mehr. In wahrer Ohnmacht wird jede Bekundung von Wut zum reinen Luxus, denn echte Machtlosigkeit, das ist das Lächeln, zu dem man sich zwingt, obwohl man am liebsten »auf ihre Gräber spucken« würde. Oder das starre Grinsen, das im Gesicht bleibt, während man an Türen klopft, die man viel lieber eintreten würde. Dann wird das verdammte Nietzsche-Zitat zum verstörenden Witz: »Was mich nicht umbringt«, metzelt mich eben doch nieder – auf viele verschiedene Arten, aber immer unmerklich.

Nachdem ich ihm meine Version des Nietzsche-Aphorismus präsentiert hatte, sagte mein Therapeut: »Aber überleben müssen Sie nun mal, oder?«

Ich lachte, wie man lacht, wenn Weinen zu mühsam ist. »Unfairer kann eine Ironie der Geschichte nicht sein. Ausgerechnet jetzt, wo Wut wieder in ist, höre ich damit auf.« Ich erzählte ihm von den tollen neuen Büchern über weibliche Wut und berichtete, dass viele Frauen, vor allem junge, inzwischen zu ihrer Wut stehen und sie als politisches Statement einsetzen. Das hatte schon die Frauengeneration vor mir gemacht, meine eigene aber leider nicht. »Deshalb beneide ich die Wütenden.«

Wie so oft ahmte mein Therapeut daraufhin mein Lächeln nach, um mir zu zeigen, wie traurig ich aussah. Ich schilderte ihm die Begegnung mit dem wütenden jungen Mann in der Maynooth University und gestand, wie peinlich es mir gewesen war, für »völlig gefühlsblind« gehalten zu werden. Dann erinnerten wir uns gemeinsam an früher, an die Zeit in der Türkei, als ich meine politische Wut noch ausgedrückt, die Mächtigen im Fernsehen und in Zeitungskolumnen angebrüllt und dafür den Beifall eines Publikums erhalten hatte, das in mir ein Megaphon zur Verstärkung der eigenen Stimme sah. »Die Mutige« genannt zu werden, hatte sich einerseits großartig, andererseits äußerst befremdlich angefühlt.

Damals war mir klar geworden, dass der öffentliche Intellektuelle der Gladiator unserer Zeit ist – vor allem seit sich die sozialen Medien zur zentralen Arena des sogenannten öffentlichen Diskurses entwickelt hatten. Man nimmt so eine Rolle fast unbewusst an, indem man einfach die Wahrheit sagt, doch dann wird schnell klar, dass die Leute weniger am politischen Akt des Tacheles-Redens mit der Macht interessiert sind als vielmehr daran, der Wut an sich zu applaudieren. »Die Mutige« sagt ihnen: »Tut was, organisiert euch. Macht den Mund auf. *Seid ihr denn völlig gefühlsblind?*«, und sie beklatschen allein die Wut.

Die »Mutige« verwandelt sich in eine Sprechpuppe mit einer Schnur, an der das Publikum nach jeder Untat der Herrschenden zieht. Die Leute freuen sich über die vertrauten Phrasen der Puppe, über die ständige Wiederholung, und irgendwann ist alle Aufmerksamkeit auf die Puppe gerichtet und gilt nicht mehr denen, die sie mit ihren Phrasen angreifen möchte. Das Eigene, das *ich*, nimmt überhand.

»Kurzum, es ist offenbar eine politische *und* eine philosophische Frage«, sagte ich zu meinem Therapeuten. »Dass ich das Wütendsein aufgegeben habe, hat nicht ausschließlich mit meinem Überlebensinstinkt zu tun. Es war ebenso sehr eine moralische Entscheidung.« Mein Therapeut reagiert mit dem therapeutentypischen Lächeln, das er immer aufsetzt, wenn ich meine eigene Sitzung zusammenfasse. Und noch mehr amüsiert ihn mein Teaser für eine zukünftige Sitzung: »Dann müssen wir mal über die Moral des Überlebens nachdenken, *n'est-ce pas?*«

Die Frage nach dem selbst gewählten Aspekt der Wut und der Moral des Überlebens hallte nach der Sitzung noch lange in mir nach. Als ich einige Wochen später nach Budapest fuhr, beschäftigte sie mich noch immer.

»Das hier ist mit Käse, das da mit Fleisch, das mit Kartoffeln und das mit Spinat.«

Die nicht mehr ganz junge Ungarin hat diesen Spruch in den vergangenen fünf Minuten vor jedem einzelnen potenziellen Kunden und insgesamt mindestens zehnmal auf Englisch heruntergerasselt und wird es bis Sonnenuntergang weiter tun. Sobald jemand kommt und fragt, womit welches Gebäckstück gefüllt ist, lächelt sie eisern, um ein paar mehr von den billigen Snacks zu verkaufen. Über Nacht wird die schmerzhafte Anspannung des gezwungenen Lächelns sich lösen, doch am nächsten Tag schlagartig wieder da sein. Händlerinnen wie diese Frau gibt es viele in den Budapester »Ruinenbars«.

Das Konzept der Ruinenbar entstand im Ungarn der Neunzigerjahre und verbreitete sich auch in anderen Donauländern. Es geht auf die Zeit des Eisernen Vorhangs zurück, als selbst kleinste Freiheiten im Geheimen ausgelebt werden mussten. Einheimische trafen sich in verlassenen Gebäuden und verwandelten sie in organische Orte, an denen man Spaß haben und solidarisch sein konnte. Das ganze Konzept ist geprägt von dem Galgenhumor, der die Menschen seit jeher durch die dunkelsten Phasen der Geschichte getragen hat. Eine dieser Ruinenbars hieß »World Travellers' Club« – eine Bar für

Leute, die nirgendwohin reisen konnten. Jahre später bauten Unternehmer diese Gebäude zu touristischen Märkten mit Indoor-Cafés und Indoor-Bars um, die von den Budapestern inzwischen gemieden werden. Wo einst geheime Orte der politischen Freiheit waren, stehen heute Security-Leute vor den Eingängen und kontrollieren die Gäste, die gleich darauf die malerischen Vintage-Details in ihre Social-Media-Accounts hochladen werden.

Überall an den Wänden Graffiti – Slogans aus den Neunzigerjahren, als in Osteuropa die Hoffnung auf ein würdevolleres Leben wuchs und eine ganze Generation zu Revolutionären machte. Aus allem in diesen Räumen spricht die Freude, aber auch der Schmerz der Stammgäste von vor dreißig Jahren. Die Frau, die heute die kleinen Gebäckstücke feilbietet, war damals vielleicht selbst Stammgast. Jetzt posiert sie, wenn sie nicht gerade den banalen Spruch wiederholt, zu dem sie das Leben verdammt hat, als exotische Einheimische für Touristenfotos.

Was, wenn ich sie anflehte: »Sei wütend auf dieses Leben, das aus dir, einem Subjekt der Geschichte, eine Komparsin im Instagram-Account eines Fremden gemacht hat«? Sie würde mich garantiert für die Neue in der Welt der aufeinandergeschichteten Grausamkeiten halten. In ihren Augen hätte ich keinen blassen Schimmer, was Überleben wirklich heißt. Und weil ich von Gefühlen gesprochen hätte, würde sie glauben, dass der Gedanke, weiterzumachen, auch wenn die Würde zerstört ist, für mich keine Bedeutung hat. Schließlich muss *ich* das gezwungene Lächeln nicht aufsetzen.

Genau so lächeln Millionen von Menschen, in Ausbeutungsbetrieben wie in schicken Büros. Auch sie vermissen die Wut, aber gleichzeitig ist sie ihnen nicht wichtig. Sie haben nicht den Luxus, sich moralisch dafür entscheiden zu können, das

Wütendsein bleiben zu lassen, sondern müssen weitermachen und sich ganz auf ihr Überleben konzentrieren. Ich glaube nicht, dass sie jemanden brauchen, der sie an die Schönheit der Wut erinnert. Was sie brauchen, ist ein realistischer und praktikabler Ausweg.

Wenn sich Wut so stark verbreitet hat, dass sie banal geworden ist, wirkt ihre Abwesenheit seltsam, ja fast unwirklich. Wenn alle in den Exhibitionismus getrieben werden, gilt der eine, der zurückhaltend bleibt, als schräg oder gar krank. Und wenn die dominante Kultur von uns verlangt, dass wir unsere persönlichen Geschichten erzählen, heißt es von dem, der sich weigert, er sei abweisend, eigenbrötlerisch und kalt.

Dies ist die Geschichte einer Heiligen des 21. Jahrhunderts, einer Umweltaktivistin, die 2018 zur weltbekannten Figur wurde.

Man hat Greta Thunberg alles vorgeworfen, was ich oben aufgezählt habe: dass sie ein bisschen seltsam sei, nicht von dieser Welt, dass sie schräg sei, krank, eigenbrötlerisch, kalt und abweisend. Diese »Charakterfehler« wurden so genau unter die Lupe genommen, dass Greta sich schließlich gezwungen sah, über ihr Asperger-Syndrom zu sprechen und den Neugierigen damit einen medizinischen Grund für ihr Naturell zu liefern. Diejenigen, die bange auf einen emotionalen Knacks, einen Zusammenbruch oder einen Lachanfall warteten, waren erleichtert: Sie hatte tatsächlich eine Krankheit.

Greta hat Asperger als ihre »Superpower« bezeichnet, als eine Kraft, die es ihr unmöglich macht, zu lügen oder dem Publikum gefallen zu wollen. In einer postfaktischen Welt, in der man sich auf nichts mehr verlassen kann und alle in den eigenen Gefühlen ertrinken, hat Gretas Talent – beziehungsweise ihre Einschränkung – ihr Image verwandelt: eine unverdorbene, weitsichtige Sechzehnjährige in einer Welt voller verwirrter Sünder.

Schauen Sie sich ein x-beliebiges Video von ihr an – Sie werden immer ein mit Prominenten gespicktes Publikum sehen, das dasitzt wie die Römer vor einer heiligen Katharina des 21. Jahrhunderts (oder wie der korrupte französische Hof vor Johanna von Orléans), so sehr strahlt ihr Gesicht vor Überzeugung und Engagement. Sie hat im Gegensatz zum Rest der Menschheit keine Angst zu langweilen und wiederholt monoton das immer Gleiche: dass wir im Feuer der Erderwärmung (nicht der Hölle) brennen werden, wenn wir nicht endlich (der Wissenschaft) glauben. Alles verstummt, sobald diese säkulare Heilige das Wort ergreift, und nicht nur weil sie die Wahrheit sagt und sich auf Tatsachen bezieht, sondern auch weil sie nicht einmal dann in Rage gerät, wenn sie sagt, sie sei wütend. Stattdessen zeigt sie der Welt eine andere Daseinsweise auf: den Zustand größter, ungeteilter Aufmerksamkeit.

Ihre Art von Aufmerksamkeit, die Aufmerksamkeit, um die sie ihre Anhänger bittet, steht hoch über dem gegenwärtigen lärmenden Karneval der Emotionen.

Obwohl der Inhalt ihrer Äußerungen nichts mit Religion zu tun hat, wirkt ihr absoluter, rechtschaffener Glaube an die Wahrheit und die Menschen in dieser Zeit des Hyper-Banalen beinahe biblisch. Man könnte ihre entschlossene Aufmerksamkeit und ihr konsequentes Handeln als Symptome eines Syndroms verstehen, weil sie den Menschen bewusst machen, wie sehr sie von Zynismus, übersteigerter Ironie und folgenloser Wut befallen sind. Nach und nach erinnern sie sich wieder daran, was sie zwischenzeitlich vergessen haben müssen: wie ein Mensch handelt und aussieht, wenn er von etwas überzeugt ist. Als würde die Welt den Geschmack entschlossener

Aufmerksamkeit wiederentdecken und die Möglichkeit, Wut durch Widerstand gegen Ablenkung zu ersetzen.

Vielleicht ist das deshalb so, weil wir allmählich begreifen, dass es diesmal wirklich ernst ist und die Situation unsere Aufmerksamkeit erfordert.

Über eines sollten wir uns im Klaren sein: Wenn Menschen systematisch gezwungen werden, ihre Aufmerksamkeit falsch auszurichten, ist das ein Anzeichen für Faschismus. Dessen pausenlose bizarre Spektakel und das Reagieren auf jede dieser endlosen Absurditäten erschöpfen den Einzelnen und treiben ihn letztlich in eine Benommenheit, die nicht mehr verschwindet. Vielleicht sollten wir einsehen, dass wir uns inzwischen alle im Überlebensmodus befinden und für Wut kein Platz mehr ist.

Nur die richtig platzierte Aufmerksamkeit kann diese Ablenkungen ausblenden und ermöglicht es, das Augenmerk auf den Kern des Problems zu richten. Diese Aufmerksamkeit lässt uns die Hauptschlagadern unseres Dilemmas und ihren Verlauf durch den politischen Körper des Alltagslebens erkennen. Nur indem wir den Blick unverwandt auf den Mechanismen der politischen Maschinerie belassen, können wir verhindern, dass diese uns mit ihren faszinierenden, aber unerheblichen täglichen Darbietungen benebelt. Aufmerksamkeit ermöglicht es uns, die Fragen unserer Zeit klar zu sehen, indem wir uns die ärgerlichen Spektakel, die uns beschäftigt halten sollen, vom Hals schaffen. Andernfalls schäumen wir irgendwann nur noch ständig vor Wut, so wie ich vor einigen Jahren und so wie der junge Mann in der Maynooth University. Und nur mit einer intakten Aufmerksamkeit finden wir zu der inneren Gelassenheit, die es uns erlaubt, uns umzusehen und jene zu entdecken, die wahrer Solidarität bedürfen: Menschen, die hinter ihrem gezwungenen Lächeln still vor sich hin leiden.

Dass Greta eine junge Frau ist, dürfte kein Zufall sein. Sie steht in einer wenig beachteten, vor allem von Frauen gestifteten Tradition innerhalb der Moralphilosophie. Aufmerksamkeit als Leitprinzip einer moralischen Haltung wurde bereits von großen Denkerinnen wie Simone Weil und Iris Murdoch untersucht. Dass Wut, so köstlich und belebend sie sein mag, beim Nachdenken über die Welt und über sich selbst an ihre Grenzen stößt, weiß jeder, auch wenn er es nicht weiß. Ich bin mir ziemlich sicher, dass weder Simone noch Iris Angst davor hatten, wie eine Verrückte zu wirken. Ihr Entschluss, ihre Wut zu unterdrücken, entsprang nicht dem Wunsch, den Eindruck von Kontrolle aufrechtzuerhalten. Vielleicht aber haben sie gewusst, dass in einem Leben voller Wut weniger Platz für das Zerbrechliche ist und damit für das Schöne.

Wie von den Zuschauern vorhergesehen, dauert die Auseinandersetzung auf der Straße in Istanbul nur wenige Minuten. Und auch die Prophezeiung meines Gesprächspartners erfüllt sich: Der Kleine mit der Schrottkarre landet den entscheidenden Punch. Das Schwergewicht, mit halbem Körper schon wieder in seinem SUV, flucht, um das Gesicht zu wahren. Goliath fällt vor Verlegenheit auf offener Bühne förmlich in sich zusammen, und Davids Klapperkiste wirkt plötzlich wie ein Mustang. Mein gefallener König stößt mir mit dem Ellbogen in den Arm. »Siehst du, ich hab's dir gesagt! Immer der, der wütend ist. Hast du vielleicht 'ne Kippe für mich?«

Er zündet die Zigarette an, nimmt, wie um seinen Sieg zu besiegeln, einen tiefen Lungenzug und kostet mit einem Blick ins Leere den Augenblick aus. Seine Augen sind feucht. Wie sehr wir uns nach solch triumphalen Momenten für unsere inneren Davids sehnen, denke ich. Kein Wunder, dass so viele glauben, nur Wut würde zu einem gerechten Ergebnis führen. Schließlich ist sie das Einzige, wovon wir reichlich, die Goliaths aber viel weniger haben. Doch wenn wir es schaffen, Wut durch Aufmerksamkeit zu ersetzen, währen unsere Siege vielleicht länger als zehn, elf genussreiche Zigarettenzüge.

6
STÄRKE STATT MACHT

In einem Dorf im Südosten der Türkei, das unter permanenter Wasserknappheit litt, versammelten sich vor mehr als zwanzig Jahren etwa 1500 Männer um ein Schwimmbecken im Olympiaformat. Schauplatz der Zusammenkunft war ein imposantes Anwesen, ihr Zweck eine Art Friedenskonferenz zweier Feudalherren, die eine lang andauernde Fehde beenden sollte. Die Männer hockten im Schneidersitz auf ausgelegten Teppichen, tranken während der Verhandlungen Unmengen von *mırra*, arabischem Kaffee, und ließen sich nach dem erfolgreichen Abschluss Kebabs schmecken. Ich war vierundzwanzig und die einzige Frau unter den Anwesenden. Als Anfängerin, die ihr Können beweisen wollte, hielt ich es für eine tolle Idee, einen der beiden Mafiabosse – eine zentrale Figur der illegalen nebenstaatlichen Macht in der Türkei – aufzusuchen und zu interviewen. Obendrein befand ich mich in Begleitung eines blonden Fotoreporters, der noch weniger männlich aussah als ich.

Während ich in meiner Jeans vor der gewaltigen Eingangstür des Anwesens stand und all meinen Mut zusammenkratzte, dachte ich: Entweder gehe ich jetzt wie eine Kriegerkönigin durch diese Tür, oder ich kann es gleich bleiben lassen.

Mein finsterer Blick, der extrem lange Seidenschal, der bei jeder Bewegung aufflatterte, und mein übertrieben stampfender Gang funktionierten: Nach zehn Minuten verhielt sich der nicht mehr ganz junge *mırra*-Typ wie mein Leibdiener – er folgte mir auf Schritt und Tritt –, und die Männer sprachen mich mit »Madam« an. Was ich damals lernte: Wenn man sich so bewegt, als wäre man jemand, und dabei den Mund hält, denken die meisten, man wäre tatsächlich jemand, und zwar jemand mit Macht.

»So kannst du nicht gehen! Das sieht aus, als würdest du in den Krieg ziehen.«

Während der Arbeit an meinem Buch *Wenn dein Land nicht mehr dein Land ist*, in dem ich die wachsende Vielfalt politischer und moralischer Übel der Gegenwart analysierte, saß ich die ganze Zeit allein in meiner Wohnung in Zagreb. Eines Tages sagte ich mir: Wenn ich schon nichts gegen den Schaden ausrichten kann, der meiner Psyche zugefügt wird, sollte ich wenigstens meinem Körper etwas Gutes tun. Und meldete mich bei Asja, Zagrebs vertrauenswürdigster Personal Trainerin, zum Pilates-Unterricht an.

Kaum hatte ich das Studio betreten, musterte sie mich bereits. »Wenn du so hart mit den Fersen auftrittst, machst du deine Gelenke kaputt, meine Liebe. Nimm Haltung an, widersetz dich der Schwerkraft. Sei leicht. Leicht sein heißt stark sein.« Als ehemalige Gewichtheberin kennt sich Asja mit der Schwerkraft bestens aus. Die anmutigen Bewegungen der über fünfzigjährigen Frau machen das Zusammenspiel ihrer Muskeln sichtbar, und sie geht mir entgegen wie die Galionsfigur an einem Schiffsbug, die jeden Wind auf magische Weise freundlich stimmt. Ihr ruhiger Ton führt den Körper sanft dorthin, wo man beim Sturz nach hinten in den Schnee keine Angst mehr vor Steinen zu haben braucht, die darunter begraben sein könnten. Man lässt sich vielmehr wie ich einfach fallen und beginnt von den eigenen Wunden zu erzählen und davon, wie sie entstanden sind. Asja hörte geduldig zu, als ich auf Draufgängerin machte und ihr die Geschichte von meinem Kriegerköniginnen-Gang erzählte, den ich mehr als zwanzig Jahre zuvor erfunden hatte.

Sie war allerdings überhaupt nicht beeindruckt.

In der Annahme, sie hätte mich nicht verstanden, erzählte ich das Wesentliche gleich noch mal. »Ich habe mit dem Gang den starken Mann markiert, verstehst du?«

Sie lächelte leicht süffisant. »Kriegerköniginnen bewegen sich nicht wie Elefanten, meine Liebe. Mächtig wirken ist nicht dasselbe wie stark sein. Und ich mache dich stärker.« Sie stellte vom ersten Tag an klar, dass es vor allem darum ging, meine Wirbelsäule zu stabilisieren und meine Haltung zu korrigieren, um der Schwerkraft entgegenzuwirken – aber nicht mittels einer gekünstelten Machtdemonstration, sondern mit echter Stärke. »Stärke sieht man nicht«, sagte Asja. »Sie besteht nicht aus aufgepumpten Muskeln.«

Als Erstes stellte sie mich vor einen Spiegel, damit ich mir ansah, wie schief und krumm und verbogen mein Körper war. Seit nunmehr vier Jahren ist Asjas Spiegel – besser gesagt: mein Bild darin – integraler Bestandteil unserer Stunden. In diesem Spiegel sehe ich einen weiblichen Körper – ein zusammengesetztes, kompliziertes Ganzes –, der im zweiten Jahrzehnt des 21. Jahrhunderts noch immer herauszufinden versucht, wie groß und schwer er wirklich ist.

Bis heute existiert kein Spiegel, der das wahre Ausmaß eines Frauenkörpers zeigt. Unsere Körper gelten entweder als vernachlässigbar, weil sie angeblich so klein sind, oder als zu kompliziert, um verstanden werden zu können. Bedürfen sie angemessener Würdigung, bewertet man sie als zu schwach, möchten sie in die Arme geschlossen werden, heißt es, sie seien zu ausladend. Der weibliche Körper: von drei Jahrtausenden irreparabel geformt, lebendig verbrannt, wenn unerwünscht, oder hastig erstickt, wenn innerlich vor Leidenschaft brennend. Versteckt oder zur Schau gestellt, eingeengt oder gemästet, von fern geliebt und aus der Nähe überwacht. Unser Fleisch muss geschlagen werden, um es verherrlichen zu können, und gefeiert wird es erst ab dem Moment seines kompletten Verschwindens.

Dieser allgegenwärtige Blick schneidert uns selbst dann nach dem Geschmack dieser oder jener Macht zurecht, wenn wir ihn zu vergessen oder von uns zu weisen versuchen. Das erhobenen Hauptes ausgestoßene »Fick dich!« verunstaltet unsere Körperhaltung genauso wie das mit gesenktem Kopf lächelnd geflüsterte »Liebe mich!«. Und ironischerweise bekommt man von beiden Posen die gleichen Rückenschmerzen.

Für diesen Körper gibt es seit Jahrhunderten keinen einzigen freien Tag: Solange wir zurückdenken können, mussten wir uns entweder wehren oder fügen. Trotzdem haben wir es – ob leichtfüßig wie eine Ballerina oder trampelig wie eine unbedarfte Kriegerkönigin – immerhin bis hierher geschafft. Dieses geschundene Wunder ist leider noch immer die einzige Adresse, unter der wir Leben empfangen und darauf reagieren. Und so stehen wir vor einem Spiegel, der sich mit einer Flut brutaler Bilder füllt und den weiblichen Körper, der daraus zurückblickt, voll und ganz zu verwüsten droht. Von dieser düsteren Realität bleibt keine Frau unberührt, es sei denn, sie weigert sich rundweg, jemals im Spiegel unserer Zeit sichtbar zu sein.

»Ich habe es so satt – immer wenn nachts eine Frau vor mir ist, muss ich langsamer gehen, damit sie keine Angst kriegt«, erklärte mir 2019 ein Freund aus der Türkei. Sofort beschwerten sich auch die anderen Männer in der Gruppe. Sie seien es leid, in der Welt von #MeToo ständig als potenzielle Vergewaltiger betrachtet zu werden. Die anwesenden Frauen rissen die Augen auf und waren sichtlich sprachlos. »Womit soll ich anfangen?«, dachte jede von uns. Vielleicht damit, dass 2019 in der Türkei bereits 474 Frauen ermordet worden waren? Oder damit, dass die meisten Männer, die einen »Femizid« begangen hatten, wieder freigelassen wurden, weil sie vor Gericht »Reue zeigten«? Oder mit der zwangsläufigen Schlussfolgerung, dass Männer Frauen letztlich schlicht deshalb töten, weil sie es *können*? Und doch steigerten sich meine engsten Freunde in eine geradezu heilige Wut hinein, die mich zögern ließ, sie darauf hinzuweisen, dass sich die Frau, die nachts vor ihnen geht und ständig mit einem Angriff rechnet, in der etwas schwierigeren Lage befinden dürfte.

Wer glaubt, Gewalt gegen Frauen und die permanente Unterschätzung des Phänomens spielten sich anderswo ab – bei den »Hinterwäldlern« –, macht es sich zu leicht. Damals, an dem Tag mit meinen Freunden, wurde mir klar, dass die Gewalt überall ist und genau dann beginnt, wenn es heißt: »Ach, reden wir über was anderes.«

Es gibt einen weltweit verbreiteten geifernden Frauenhass, dessen Entfesselung nicht zufällig geschah. Die Angriffe sind raffiniert, aber verheerend, ereignen sich in unregelmäßigen Abständen, doch immer mit Entschlossenheit. Sie erfolgen in Form einer geringfügigen Gesetzesänderung oder durch eine leicht zu übersehende Steigerung des Selbstbewusstseins einer bestimmten Kategorie von Männern auf der Straße. Das Ganze erinnert an Aale, die einem immer wieder entwischen. Die ersten Auswirkungen sind so minimal, dass wir entweder zögern oder nicht alarmiert genug sind, um zu kontern. Und manchmal erscheinen diese Angriffe so absurd aus der Zeit gefallen, dass wir uns über sie lustig machen. Wir wechseln das Thema, bis wir es nicht mehr vermeiden können. Denn trotz unserer verzögerten Reaktionen lässt es sich nicht bestreiten: Hier findet ein Krieg statt. Nicht nur der weibliche Körper und die weibliche Psyche, auch das Weibliche im Mann muss sich auf Kampf einstellen. Dieser Krieg richtet sich nicht nur gegen die Frauen. Er gilt allem, was weiblich ist.

Doch plötzlich legt sich etwas Ungewöhnliches, ein Lichtstrahl, über die dunklen Bilder im Spiegel. Während ich dies schreibe, gehen in Polen Frauen auf die Straße, um ihr Recht auf Abtreibung zu schützen. Vor einigen Wochen haben sich die Belarussinnen auf den Plätzen von Minsk gegen einen Diktator zur Wehr gesetzt. Zur gleichen Zeit kamen schwarze Amerikanerinnen in einer Bewegung gegen die weiße männliche Vorherrschaft zusammen und spornten damit Menschen auf der ganzen Welt an. Die Bilder häufen sich im Grunde schon seit einigen Jahren: Irinnen, die von überallher in ihre Heimat fliegen, um dort gegen das Abtreibungsverbot zu stimmen, Kurdinnen – Mädchen im Teenageralter –, die in Syrien ganz allein im hässlichsten Krieg der Menschheit kämpfen, Chileninnen, die eine viral gehende Hymne gegen Vergewaltigung schreiben, Sudanesinnen, die »Der Platz einer Frau ist nicht das Haus. Der Platz einer Frau ist *al-thawra* (die Revolution)« singen, Inderinnen als Anführerinnen eines Großteils der schon seit Langem anhaltenden Proteste gegen den skrupellosen Premierminister Modi, Libanesinnen, die in ihrer Forderung nach einem gerechten System auf der Straße nach Soldaten treten, Irakerinnen, die versuchen, die so lang überhörte Stimme eines vom Krieg geschundenen Landes vernehmbar zu machen.

Während diese Bilder aus Licht und Dunkelheit aufeinanderprallen, wirkt das 21. Jahrhundert bereits wie ein globales Kriegsgebiet am Vorabend der letzten, entscheidenden Schlacht. Und genau das sehe ich, wenn ich meinen Körper im Spiegel betrachte: die Narben einer Kriegerin, einer der vielen Kriegerinnen, die sich diesem Kampf stellen. Denn in dieser Schlacht kann es sich nichts, was weiblich ist, kann es sich kein einziger Körper leisten, auf sich allein gestellt zu sein.

Nachdem sie drei Jahre an meiner Haltung gearbeitet hatte, sagte ich zu Asja: »Gut möglich, dass es Krieg gibt. Wahrscheinlich werden wir lernen müssen, Kriegerköniginnen zu sein.« Sie lächelte. Auch ihr war nicht entgangen, was ich im Spiegel gesehen hatte. »Wenn das so ist, sollten wir uns darauf vorbereiten«, erwiderte sie halbherzig lachend. Dann verfiel sie wieder in ihren Coach-Ton: »Vorbereitet sein heißt aktiv reglos sein. Justiere deinen gesamten Körper. Erspüre alle Verbindungen.«

Die Repräsentanten des radikal Männlichen sind weltweit aktiviert worden und haben noch nie so viel Ermutigung erfahren wie derzeit. Das radikal Männliche umfasst die schlimmsten Aspekte des Menschlichen: Es ist destruktiv in seiner Dummheit, berechnend in seiner Ignoranz, selbstgerecht in seiner Unzulänglichkeit. Sein breites Spektrum, das aus der »Dunklen Materie« im Kern der Männlichkeit hervorgeht, schließt alles mit ein, was das Leben steril macht, auch das Devote in seinen weiblichen Pendants. Die Vorfahren des radikal Männlichen sind diejenigen, die Frauen bei lebendigem Leib verbrannten, wann immer die Machtstruktur durch Chaos gefährdet war und man glaubte, den Scheiterhaufen entzünden zu müssen, um die Welt von allem Komplexen zu reinigen.

Heute wird das radikal Männliche vom breiten Grinsen des

neuen Faschismus und seiner weltweiten Verbreitung organisiert und mobilisiert. Es findet sich überall. Solange es ihre Macht festigt, nutzen die Anführer des radikal Männlichen – ob in Moskau, Washington oder Ankara – die extreme Frömmigkeit des religiösen Konservatismus, um den Hass auf Frauen egal welcher Religion zu entfachen. Eine Hauptstadt nach der anderen fällt in die Hände von Leuten, für die es selbstverständlich ist, weibliche Körper zu begrapschen. Das radikal Männliche kann mit seiner Umwelt nur interagieren, indem es immer mehr Macht fordert und ergreift. Gerade darin aber liegt seine Schwäche. Das radikal Männliche ist alles andere als stark; es ist nichts weiter als eine übertrieben aufgeblasene Machtdemonstration. Es ist allerdings leider auch mit dem Staatsapparat einiger der mächtigsten Länder der Welt bewaffnet.

Doch diese Waffen sind nicht nur auf Frauen gerichtet. Überhaupt alles Weibliche steht unter Beschuss. Auch das Weibliche umfasst ein breites Spektrum, das aber aus der freudvollen Materie im Kern des weiblichen Körpers hervorgeht und alles Fruchtbare beinhaltet, somit auch den Teil der männlichen Identität, für dessen Annahme so viele Männer verhöhnt werden. Das radikal Männliche erträgt nichts Fließendes, egal ob Gender oder Flüsse; alles muss fixiert werden, damit sich das radikal Männliche sicher fühlt. Jede Unregelmäßigkeit muss der Einförmigkeit weichen. Die Körper der Frauen und die Erde sind gleichermaßen bedroht von der Devise des radikal Männlichen: Macht heißt Überwältigung, Herrschen heißt Kontrollieren, Existieren heißt Besitzen.

Also warten wir in aktiver Reglosigkeit. Aktive Reglosigkeit ist Handeln, das sich entwickelt, bevor etwas geschieht. Der Kopf weiß, wir alle wissen, dass wir kurz davorstehen zu handeln. Doch zunächst müssen wir die Unbeirrbarkeit des radikal Männlichen erkennen, mit der es alles Schöne niedermacht, um sein einziges Interesse durchzusetzen: Herrschaft. Diejenigen, die diese Kräfte ablehnen, und diejenigen, die unmittelbar davon tangiert sind, müssen einen zentralen Gedanken finden beziehungsweise ersinnen, der alle Kämpfe, in denen wir stecken, miteinander verbindet. Wie der Körper kurz vor dem Tätigwerden müssen wir die Verbindungen stärken, unsere Einzelaktionen zusammenführen und uns auf eine einzige, plötzliche Bewegung vorbereiten. Weil es sich nicht um viele Kriege, sondern um *einen* handelt, braucht es einen integrierenden Kern, der alle Kämpfenden miteinander verbindet.

Doch wir sind bereit. Bereit sein ist eine Sache des Augenblicks: Es geschieht, wenn keine Zeit zur Vorbereitung ist, und bedeutet eine schlagartige Veränderung unserer inneren Einstellung. Das kollektiv Weibliche, das als ein einziger Körper agiert, ist bereits aktiviert, um den bisher größten Angriff auf alles Weibliche zu beantworten: den Angriff auf unsere Flüsse, unsere Luft und unseren Boden. Von Kanada bis zu den Regenwäldern des Amazonas, von türkischen Dörfern bis zu den britischen »Anti-Fracking Nanas«, die einer Ölbohrfirma in die Parade fuhren, von kenianischen Waldretterinnen bis zu jungen Klimaaktivistinnen – überall auf der Welt führen Frauen den Widerstand gegen das radikal Männliche an, das die Erde aussaugt. Sie schützen alles, was fruchtbar ist, so wie sie ihre Körper schützen. Ihnen ist klar, dass ihre Unterdrücker bei der Ausübung brutaler Gewalt keine Grenzen kennen, doch sie wissen auch, dass Stärke länger währt als Macht. Und Stärke kommt von innen. Es geht ihnen nicht nur darum, dem radikal Männlichen Macht zu entreißen. Das Weibliche muss Herrschaft durch Fürsorge ersetzen, Konkurrenz durch Zusammenarbeit und die Ausplünderung von

Planet und Menschheit durch Nahrung und Unterstützung. Das Weibliche im 21. Jahrhundert kann Macht durch Stärke ersetzen. Eine moralische Revolution, wenn man so will.

»Sei vorsichtig«, sagt Asja, als sie mir das Balance Board gibt. »Du stehst gleich auf einer kippeligen Oberfläche. Mach jetzt bloß keine komischen Armbewegungen. Die Balance kommt nicht aus den Armen, sondern aus der Körpermitte. Alles andere ist Zirkus. Konzentrier dich auf deine Körpermitte und mach sie stark. Und such dir einen Fixpunkt, das erleichtert das Balancieren.«

Die kippelige politische und moralische Oberfläche der Gegenwart verleitet uns zu zahlreichen überflüssigen Bewegungen. Die Dauerempörung angesichts der Angriffe des radikal Männlichen, die ständig wiederholten Schockreaktionen auf seine Gier, die in Endlosschleife geteilte Verzweiflung und Enttäuschung – all das ist weder aktive Reglosigkeit noch Aktion selbst, sondern bloß ein trügerisches Dazwischen. Es bringt uns aus der Balance und ermüdet die Körpermitte.

Die eingehende Beschäftigung mit unseren Unterschieden und dem, was uns trennt – vor allem die endlosen Kulturkämpfe um eine aufgeblähte Identitätspolitik –, ist genauso »Zirkus« wie die komischen Armbewegungen, die das Balancieren praktisch unmöglich machen: Wir – auch die Männer – müssen für den Aufbau einer weiblichen Welt zusammenkommen. Und der Fixpunkt, den wir dabei anvisieren sollten, wird mit Sicherheit die Freude über die gemeinsame, verbindende Aktion sein. Vereint werden wir zu einem weiblichen Atlas, der die Weltkugel trägt. Nur wird diesmal nach dem Kampf alles anders sein. Diesmal werden wir die Weltkugel auch *danach* gemeinsam tragen, ohne den Befehl, nach Hause zu gehen, wenn sich der Staub gelegt hat. Denn auch die Welt ist bereit.

Die Auflösung des derzeitigen Systems führt zu einem Machtvakuum. Wenn sich alles, was weiblich ist, gut vorbereitet und die Zukunft für sich beansprucht, kann aus dem Aufruhr heraus eine neue Welt geschaffen werden. Das Weibliche – Frau Atlas, sozusagen – muss sich den Globus auf die Schulter heben und ins Gleichgewicht bringen, um den konzertierten Versuch, sie abzuschütteln, zu stoppen – diesmal für immer.

Meine Lieblingsübung ist das Brett, und Asja weiß, warum. Beim Brett zeigt sich, wie viel Schmerz man erträgt – genau mein Ding. Doch sie warnt mich: »Beobachte den Schmerz. Unterscheide zwischen gutem und schlechtem. Wir wollen keinen schlechten Schmerz, nur guten. Guter Schmerz stärkt und korrigiert dich.«

In diesen miesen Zeiten wollen viele Geschichtenerzähler beweisen, dass Schmerzvermeidung die richtige Entscheidung ist, wenn nicht sogar die einzige. Obendrein zeigen sie, wie man das auf ästhetische Weise hinkriegt. Sie versprechen, uns durch den gegenwärtigen Ansturm von Schmerz hindurch in einen sicheren Hafen zu geleiten und geistig an einem ruhigen Ufer fern der Wirklichkeit zu empfangen. »So überlebt man«, behaupten sie, und für einige von uns mag das sogar stimmen. Doch wer sich im Leben darauf konzentriert, Schmerz zu vermeiden, verweigert sich unserer instinktiven Sehnsucht danach, etwas miteinander zu teilen. Wer sich für diese Moral des Überlebens entscheiden möchte, soll sich dafür entscheiden. Er oder sie wird allerdings bald bemerken, dass sie nicht nur der einsamste Ort überhaupt ist, sondern auch *schlechter* Schmerz, belangloser und zerstörerischer Schmerz. Zuflucht ist stets ein kleiner Raum, in dem man unweigerlich nach und nach selbst kleiner wird; irgendwann biegt sich das Rückgrat und der Kreislauf bricht zusammen. Der Körper erstarrt.

Guter Schmerz kommt, wenn man die Last der Gegenwart teilt. Natürlich tut es weh, wenn man all seine Kraft darauf verwendet, anderen die Bürde zu erleichtern. Doch jeder Schmerz geht mit einer wahren Geschichte einher und umgekehrt. Es sind die geteilten Geschichten, die belegen, dass wir einmal auf dieser Erde waren. Ohne den Schmerz, den wir beim Teilen der Last empfinden, sind wir durch nichts belegt; ein in der Nacht vorbeisegelndes Geisterschiff.

»Das Gesicht darf nicht angespannt und die Atmung nicht angestrengt sein. Es soll ganz leicht aussehen«, sagt Asja, wenn ich nicht mehr kann und durch heftiges Atmen um das Ende der Stunde bettle. »Mach eine Pause und versuch es noch mal. Und diesmal atmest du unter deiner Rüstung!«

Trotz der Begeisterung, die in der Aussage »Eine weibliche Welt ist möglich« mitschwingt, wird der Kampf nicht beendet sein, wenn wir nicht weiterkönnen. Wir wissen, wie gnadenlos der Bulldozer des Faschismus sein kann. Ich bin mir nicht sicher, ob man den jungen Leuten von den Abgründen des Bösen erzählen soll, in die schon so viele Frauen geworfen wurden. Von Chile, Argentinien, Iran, Türkei – den Folterkammern der 1970er- und 1980er-Jahre, in denen man eine ebenso mutige Generation zerstört hat. Schließlich verhindert den Sturz nicht, wer von ihm spricht.

Die Fassade, die wir errichten, spielt allerdings durchaus eine Rolle. Wer nach Inspiration sucht, wird uns an unserem Image erkennen und uns entsprechend in Erinnerung behalten. Frauen, die jünger als wir sind, sollten uns nicht als verzagt wahrnehmen und deshalb die Wirklichkeit fürchten, denn die Wirklichkeit war nie ausschließlich schmerzhaft, und die älteren haben es nicht verdient, enttäuscht zu werden, weil wir uns nicht zusammenreißen. Wir können uns weder den Luxus erlauben, die jungen Frauen zu entmutigen, noch den, die älteren zu enttäuschen. Und falls wir scheitern, haben wir nicht das Recht, eine epische Geschichte daraus zu machen. Mit dem Scheitern werben, nur weil man gescheitert ist – wie arrogant wäre das! Beim nächsten Versuch, sollte es einen geben, müssen wir besser atmen.

Atme unter deiner Rüstung. Halte nicht die Luft an, weil du hoffst, die Mühsal würde bald enden. Lebe. Leben war – solange man am Leben war – immer möglich, selbst in den größten Katastrophen der Geschichte. Lieben, Lachen und Freude suchen, das geht auch unter der Rüstung. Und genau solche mit Freude verbundenen Geschichten sollten die jungen Frauen zu hören bekommen.

Wir müssen von den Zeiten sprechen, in denen wir tief atmen konnten. Geschichten, die davon handeln, wie die Freude an der weiblichen Würde die Brust weitet, sollten wir immer und immer wieder erzählen. Auch die jungen Frauen müssen wissen, dass der tägliche Kampf in all den Kriegen nicht für Ideen oder Ideale gekämpft wird, sondern um der Freundschaft willen, für den Menschen, der neben uns kämpft. Manchmal versucht man es nur ihretwegen noch einmal.

»Schau mal – siehst du das?« In letzter Zeit ist Asja richtig stolz auf meinen Körper, auf meine Art zu gehen und vor allem auf meine Haltung, wenn ich Gegenstände korrekt hebe. Hin und wieder zeigt sie mir neue Muskeln, die sich an meinen Armen oder Beinen abzeichnen. »Siehst du den? Der ist neu.« Trotzdem, schwerere Gewichte schaffe ich nicht. Asja klopft mir auf die Schulter. »Hab Geduld, das kriegen wir auch noch.«

Das Weibliche, alles, was weiblich ist, hat mehr Geduld

als der Tod. Es ist resilient genug, um mehr als zweitausend Jahre auf sein Wiedererblühen zu warten. Am 9. Oktober 2020 ernteten zwei israelische Forscherinnen Datteln, die aus über zweitausend Jahre alten bei archäologischen Grabungen gefundenen Samen stammten. Nur einer der vielen Samen war weiblich, und er hatte Glück.

Der Baum erhielt den Namen Jeremiah. Als er groß genug war, um sein Geschlecht erkennen zu lassen, benannte man ihn in Hannah um. Nach fünfzehn Jahren Aufzucht wurde die erste kleine Ernte von Hannahs Früchten weltweit gefeiert. Man hatte die zweitausendjährige Dame aus den Tiefen der Geschichte zurückgeholt und in der Gegenwart zum Leben erweckt – mit Hilfe von Wasser, Luft, Erde, engagierter Pflege und nicht zuletzt dem starken Glauben an das, was man tat – und an alles, was weiblich ist.

Während wir unsere Gleichgewichtsübungen machten, bei denen wir, jede auf einem Bein, wie zwei einander im Spiegel gegenüberstehende Bäume aussahen, erzählte ich Asja von dem Baum Hannah.

Asjas Augen funkelten verschmitzt. Sie brach ihre Baum-Stellung abrupt ab, stemmte die Hände in die Hüften und sagte: »Das wäre eine tolle Geschichte für das Buch, an dem du gerade sitzt.« Nicht ohne einen gewissen Stolz darauf, endlich ihr Interesse an einer Geschichte geweckt zu haben, nickte ich ihr cool zu. »Wir brauchen mehr solche Geschichten«, sagte sie und ergänzte den Satz nach einer kurzen Pause mit ernster Miene: »Die sind heute wichtiger denn je.«

Dann widmeten wir uns wieder unseren Bäumen – zwei Hannahs, die beieinanderstanden und in instabilen Zeiten geduldig das Gleichgewicht hielten. »Schau in den Spiegel und justiere deinen Körper. Zieh den Hals lang, mach dich groß. Zeig mir etwas von der Anmut in dir!«

Ich schaffte es, nicht zu lachen, als ich erwiderte: »Aber gewiss, Euer Gnaden!« Wir grinsten beide unter unserer Rüstung. Plötzlich schien das Herbstlicht im Spiegel stärker zu leuchten.

7
GENUG STATT WENIGER

Im Juli 2020 erreichte ich, ein typisches Mittelschichtsopfer des Lockdowns, einen entscheidenden, wenn auch enttäuschenden Punkt im Zusammenhang mit den neuen Hobbys, in die ich mich aus reiner Langeweile gestürzt hatte.

Obwohl es schon meine zweite Corona-Ernte war, hatte ich außer einer erbärmlichen Tomate und einem kümmerlichen Bund Rucola nichts vorzuweisen. Das Ergebnis meines zweimonatigen Mini-Gemüseanbaus war absolut mager ausgefallen – so mager, dass es mir nicht richtig erschien, das Geerntete einfach so zu essen. Ich beschloss, mich für die große Mühe mit ein bisschen virtuellem Applaus auf Instagram zu belohnen.

Als ich mein Meisterwerk behutsam auf den nächstbesten DIN-A4-Blättern auslegte, um den perfekten Hintergrund für das zu postende Foto zu kreieren, sah ich, dass ich den Ausdruck der ersten Fassung dieses Kapitels erwischt hatte. Neben der trostlosen Tomate erschien mir das Kapitel plötzlich unzureichend. Meine ursprüngliche Idee, einen Lobgesang auf das Weniger zu schreiben, weil weniger zu akzeptieren ein Schritt in eine bessere Welt sei, kam mir mit einem Mal naiv vor.

Ich war im Grunde meines Herzens durchaus noch die »strenge Kapitalismuskritikerin«, als die man mich bezeichnet, und ich verfocht auch nach wie vor die Theorie, dass die Menschheit von ihrer Obsession mit dem Wirtschaftswachstum ablassen sollte und die Welt auch mit einem weniger aktiven Stoffwechsel leben könnte. Wie jeder und jede mit klarem Verstand lehne ich sowohl den Extraktivismus ab, der die Erde auf der Suche nach Rohstoffen ausweidet, als auch die Bewertung von Menschen anhand ihrer Wirtschaftsleistung. Doch meine Corona-Offenbarung hatte meiner anfänglichen Begeisterung für die Ökonomie des Weniger einen Dämpfer versetzt. Diese Offenbarung erlebten damals viele: Weniger war zu langsam und zu wenig.

Wer Bauer wird, denkt meist nach einiger Zeit wie ein Bauer. Wenn ich nicht gerade an diesem Buch schrieb, drehte sich mein Leben plötzlich ums Wetter und um den Kampf gegen Wildtiere in der Stadt (Insekten, Krähen) – schließlich wollte ich meine fünf Eimer Erde, meinen sogenannten Garten, schützen. Obwohl mein Leben nicht vom Gemüseanbau abhing, verhielt ich mich nicht viel anders als die, deren Blick ständig auf dem Horizont hinter dem Feld ruht. Jede Unregelmäßigkeit bekam etwas Erschreckendes; jede Veränderung bedeutete potenzielle Gefahr. Die Vorstellung von Millionen Menschen, die sich einem einfacheren Leben des Weniger verschreiben und die jahrhundertelang gewachsenen kulturellen Verfeinerungen hinter sich lassen, erschien mir plötzlich absurd. Weniger ist nun mal nicht mehr und kann die Bedürfnisse unseres Gehirns nicht befriedigen. Die Ökonomie des Weniger ist zwar ein wichtiger Punkt in der Zukunftsdebatte, taugt aber nicht als Fundament für ein neues Modell – erst recht, wenn ringsum gerade alles zusammenbricht.

Am Tag meiner Offenbarung wirkte meine Freundin Annelies verwirrt und erstaunt. Während unseres regelmäßig stattfindenden Corona-Zoom-Treffs auf eine Tasse Kaffee las sie mir vor, was Virginia Woolf am 26. Januar 1941, mitten im Zweiten Weltkrieg, in ihr Tagebuch geschrieben hatte:

Ja, ich habe mir überlegt: wir leben ohne eine Zukunft. Das ist das Merkwürdige, wir pressen unsere Nasen an eine verschlossene Tür.

Der Fund war ein seltsamer Zufall, denn nur wenige Tage zuvor hatte Annelies einen ähnlichen Vergleich verwendet, als sie über den aktuellen Zustand der Welt schrieb:

Als stünden wir mit dem Gesicht dicht vor einer Wand und wüssten wegen des Nebels nicht, dass wir gleich dagegenprallen werden.

Zwei Autorinnen, durch fast ein Jahrhundert getrennt, fühlten sich auf ganz ähnliche Weise gefangen in den Gefahren ihrer Zeit. »Dein Vergleich ist treffender«, sagte ich zu Annelies. »Virginia glaubte offenbar an eine Tür, die sich irgendwann öffnen würde, während wir mit Sicherheit wissen, dass unsere Wand massiv ist.«

Im Sommer 2020 begannen sich die Leute mehr über die wirtschaftlichen Auswirkungen der Pandemie zu sorgen als um die steigenden Todesraten. Die gelangweilten Mittelschichtler hatten ihre lockdownbedingte Brotback- und Tomatenwettbewerbsphase beendet, und die meisten von uns waren damit beschäftigt, ihr kleines Leben vor der größten je erlebten Krise des Kapitalismus zu schützen.

Diese Krise war nicht annähernd mit der zerstörerischen

Bankenkrise von 2008 zu vergleichen. In der aktuellen Katastrophe ging es um eine untragbare, geradezu groteske Ungleichheit, die sich mit keiner staatlichen Rettungsaktion ausbügeln ließ. Das strukturelle Versagen konnte nicht wiedergutgemacht werden. Der coronabedingte temporäre Stillstand der Weltwirtschaft war zwar nicht die Ursache der Krise, beschleunigte das Desaster jedoch. Menschen, die etwas von Wirtschaft verstanden und die Geschichte der wichtigsten Konjunktur-Indikatoren kannten, verglichen die bestehende Ungleichheit mit der vor dem Ersten Weltkrieg. Und im Gegensatz zu Mrs Dalloway wussten wir, dass der Kapitalismus seine Krisen mittels internationaler Konflikte zu bewältigen pflegt.

Das Problem war, dass die allermeisten Leute die ungemein komplizierte Welt der Ökonomie schlicht nicht verstanden und wir die Wand, gegen die wir prallen würden, nicht beschreiben konnten – geschweige denn erklären, wie sie zu umgehen wäre. Selbst für eine Autorin wie mich, deren Job es ist, den Nebel gedanklich zu durchdringen und zu interpretieren, war das Vokabular der Weltwirtschaft unzugänglich.

»Pikettys tausendseitiges Buch *Kapital und Ideologie* liegt gerade unter meinem Computer, damit ich den perfekten Zoom-Winkel hinkriege«, berichtete ich meiner Freundin im Scherz. Thomas Pikettys Buch war trotz seines Gewichts 2020 ein Bestseller, weil der Autor darin nicht nur bewies, dass das System nicht funktionierte, sondern auch, dass wir mit dem Kopf voran auf ein episches Scheitern zuliefen. Auf die Frage von Annelies, ob ich das Buch gelesen hätte, antwortete ich sarkastisch: »Na ja, wahrscheinlich lautet die Kernaussage ›It's the economy, stupid!‹.« Wie locker die meisten von uns ihre Ignoranz in Wirtschaftsdingen schon seit Jahrzehnten nehmen, dachte ich plötzlich; so locker, dass uns im 21. Jahrhundert zu der Frage, wie wir die Welt vor apokalyptischen Zuständen bewahren könnten, im Grunde nur Recycling und der Kauf von Bioprodukten einfallen.

Ich weiß noch, wie es Mitte der Achtzigerjahre damit anfing, dass die besten Schülerinnen und Schüler an meinem Gymnasium erklärten, sie würden später »business administration« (BWL) studieren.

Sogar der Begriff selbst war ganz neu, und niemand von uns wusste, auf welches »business« und welche »administration« er sich bezog. Er gehörte zum damaligen neuen Mysterium, das heute die Digitaltechnik ist. Es genügte, ihn auszusprechen, um alle anderen zu überholen und in der alten Welt der ahnungslosen Loser zurückzulassen. Die zukünftigen »business administrators«, vor allem die jungen Männer unter ihnen, gerierten sich stolz wie Angehörige einer Elitebrigade und sahen sich bereits als die geborenen Anführer in einer neuen Welt.

Dann kamen die Neunziger. Ich war Anfängerin in einer Nachrichtenredaktion, und allmählich bildete sich ein neuer journalistischer Typus heraus: der Finanzreporter. Diese Leute spiegelten das globale Wettrennen Richtung Hyperkapitalismus und die entsprechende Verhaltenskultur so sehr, dass sie eher Börsenmaklern, den Unberührbaren der neuen Welt, als Journalisten ähnelten. Wir Normalsterbliche konnten ihren Ausführungen über Geld nicht folgen. Und das Thema Geld war plötzlich gleichbedeutend mit der Gesamtökonomie. Es wurde zum Monopol derer, die das Finanzspiel nicht nur verstanden, sondern auch daran glaubten.

Die Berichterstattung über den anderen Wirtschaftssektor, die Erwerbsbevölkerung, wurde in die Hände der journalistischen Nachwuchskräfte gelegt. Deren Beiträge schafften es praktisch nur noch dann in die Zeitung, wenn Menschen bei heftigen Protesten verprügelt worden waren. Die Armen blieben im Wirtschaftsteil so lange unwichtig und unsichtbar, bis sie getötet wurden, und selbst dann kamen sie nur auf dramatischen Titelfotos vor, die die Tragödie so illustrierten, als wäre sie eine Naturkatastrophe.

Wir waren nicht »stupid«; wir wussten, dass es um »the economy« ging. Doch die bestand jetzt nur noch aus Zahlen, und die Zahlen redeten nur noch mit anderen Zahlen, nicht mehr mit uns.

Ende der Neunzigerjahre war der menschliche Aspekt der Wirtschaft vollständig vom hygienischen und numerischen Aspekt getrennt und in einen anderen Zeitungsteil verbannt: auf die Human-Interest-Seiten. Wer beides zu vermischen wagte, wurde der Ketzerei bezichtigt.

Und wieder herrscht in der Nachrichtenredaktion diese unangenehme Stimmung. Es ist nicht die deutlich spürbare Spannung, die ich schon so oft im Zusammenhang mit den klassischen Warnungen erlebt habe. Dank heikler Themen wie der Kurdenfrage oder Armenien, die ich in meiner zwanzigjährigen Laufbahn als politische Autorin behandelt habe, weiß ich, wie sich diese Spannung anfühlt. Das hier ist anders.

Es ist ein Unbehagen, das Gefühl, ein Fremdkörper zu sein. Man glaubt, sich nicht richtig zu verhalten, was ganz subtil eine gewisse Scham hervorruft. Dieses Gefühl geht nicht mit dem ernsten Stirnrunzeln einher, dem begegnet, wer ein politisches oder kulturelles Tabu bricht, sondern mit der säuerlichen Miene des Unmuts und einem unbestimmten Gemurre.

»Also, meine Liebe, diese Themen sind ja nun wirklich passé. Machen Sie doch einfach weiter mit Ihrer – was war es noch mal? Ach ja, Kulturkritik. Und wenn Sie unbedingt über andere Themen schreiben wollen, dann am besten über Human-Interest-Sachen.«

Solche vagen Missfallensäußerungen bekam ich immer nur zu hören, wenn ich über Arbeiterstreiks schrieb. Berichte über die »Unterprivilegierten« und ihre schlimmen Lebensumstände waren so lange in Ordnung, wie man sie in flehendem, sentimentalem Ton abfasste. Porträtierte man die Unterschicht aber als eine Macht, als einen möglichen Gamechanger im Spiel der Wirtschaft, wurde das als Bedrohung betrachtet. Es gehörte sich einfach nicht, Ausbeutung darzustellen und einen möglichen Ausweg daraus zu beschreiben. *Objektiv* müsse das geschriebene Wort sein, nicht »propagandistisch«, teilte man mir immer wieder mit. Im Machtkampf zwischen Unterdrückten und Unterdrücker hatten die Texte neutral zu sein.

Der Begriff der sozialen Klasse galt als prähistorisch und damit auch die Marx'sche Lehre, anhand derer sich die Linke die Welt zu erklären versucht hatte. Marx zufolge bestimmt die materielle Basis (Wirtschaft, Warenproduktion, Eigentum) den Überbau (Bildung, Unterhaltung, soziale Normen und die Politiker, die uns repräsentieren).

Nun kehrte sich die Beziehung zwischen Basis und Überbau um. Wir Journalisten und Journalistinnen, deren Hauptaugenmerk früher auf Streiks oder wirtschaftlicher Ungleichheit gelegen hatte, kamen zu der Überzeugung, dass wir den Überbau nur lange und ansprechend genug in Form von Kulturkritik – vorzugsweise Popkulturkritik – analysieren müssten, um die materielle Basis beeinflussen und den Druck der Wirtschaft auf die verletzlichsten Mitglieder der Gesellschaft mindern zu können. Besser gesagt: Nur so hatten abweichende Stimmen damals überhaupt eine Chance, auch nur am Rand der Mainstream-Medien, des Verstärkers der neuen Ordnung, vorzukommen. Unsere Kulturkritik ging den Armen zwar sonst wo vorbei, aber Themen gab es für uns in dieser neuen Weltordnung zuhauf: ethnische, sexuelle und religiöse Identitätskonflikte allerorten, und die waren wesentlich bunter als die verblassenden sepiabraunen Bilder des Klassenkonflikts.

Es war eine Art Geheimabkommen: Um ihren Lebensunterhalt verdienen zu können, versprachen die abweichenden Stimmen, den grundlegenden Konflikt, auf dem das Wirtschaftssystem basierte, nicht anzutasten; als Gegenleistung durften sie sich in den bunten Gettos der Welt, im übervölkerten Soho der Kulturkritik, tummeln. So kam es, dass viele von uns das gängige progressive Narrativ herbeischrieben, das die ökonomische Ungerechtigkeit auf die »Human Interest«-Seiten, die gelegentliche Zuflucht des Mainstreams, verbannte.

Armut war jetzt eine Frage der Identität und musste als solche behandelt werden. Und unser gekonnter Umgang mit Sprache änderte nichts daran, dass wir nun gezähmte Konsumenten dieser neuen Welt waren statt mutiger Verfechter systemverändernder Ideen. Wir richteten uns im ethischen Konsum ein, einer harmlosen Sandkiste an der Peripherie des Systems. Gelegentlich wurden sozialistische Denker und Ökonomen als Dorftrottel interviewt, doch unsere Hauptaufgabe bestand darin, das gängige progressive Narrativ weiterhin amüsant und karnevalesk zu gestalten. Die Linke war weltweit geschlagen, und wir hockten im überfüllten Wartezimmer der Geschichte.

Diese erzwungene Ignoranz hatte zwei wichtige Konsequenzen. Zum einen wurde das angesammelte Wirtschaftswissen der Progressiven aus dem Gedächtnis der politischen Aktivisten gelöscht, weil es unmöglich geworden war, diese Erfahrung in einem allgemeinverständlichen linken Diskurs an die neue Generation weiterzugeben. Zum anderen war es bald nur noch die Aufgabe mühsam kämpfender NGOs, das Blut und den Schweiß hinter dem glitzernden System zu sehen und aufzuzeigen, und in denen engagierten sich hauptsächlich gebildete Mittelschichtsangehörige. Irgendwann erinnerten sich nur noch die wenigsten von uns daran, warum das Reden über Ungerechtigkeit, den Stützpfeiler des Kapitalismus, als »deplatziert« galt.

Thomas Piketty, dessen Buch meinen Laptop gestützt hatte (und das ich dann doch voller Bewunderung las), prägte 2020 den Begriff »brahmanische Linke« und beschrieb damit die gebildeten Progressiven, die von einer inzwischen den rechten Populismus unterstützenden Arbeiterschicht abgeschnitten worden waren. Das postmoderne Theorievokabular beherrschten zwar viele von uns meisterlich, doch die Welt der Zahlen, das, was die Welt regierte und ruinierte, galt als ein Buch mit sieben Siegeln, dessen Sprache als Kauderwelsch empfunden wurde.

Als dann 2008 die Weltwirtschaft aus den Fugen geriet, hatten wir eine Menge nachzuholen.

»Können Sie mir erklären, was Derivate sind?«

Bis zur Bankenkrise von 2008 hatte der Dokumentarfilmer Michael Moore innerhalb des Mainstreams als ein etwas lästiger linker Scharfmacher gegolten. Doch als die Hölle losgebrochen war, sahen sich unglaublich viele seinen 2009 veröffentlichten Dokumentarfilm an. Sie wollten verstehen, wie alles so hatte schieflaufen können.

In *Kapitalismus: Eine Liebesgeschichte* stellte Moore eine simple Frage und suchte eine klare Antwort darauf: Was hatte die Bombe gezündet, die unsere Häuser zerstörte?

Im Zuge seiner Recherchen deckte er namentlich zwei Begriffe auf, die als Schuldige gelten mussten: »komplexe Finanzinstrumente« und »Derivate«. Obwohl unser Leben aufs engste mit diesen beiden Termini verknüpft war, wusste nur eine winzige Minderheit, wofür sie eigentlich standen. Moore fand heraus, dass tragischerweise selbst hoch- und höchstrangige politische Entscheidungsträger im Grunde nicht wussten, was sie bedeuteten.

Moore enthüllte, dass die Jünger des Geldes tatsächlich vollkommen außer Kontrolle geraten waren und die Weltwirtschaft ganz nach ihrem Ermessen organisierten, während wir, das Volk, weder aufgeklärter noch weniger hilflos waren als die Bauern im Mittelalter, die in ihren Gärten Gemüse anbauten. Wir brauchten dringend jemanden, der die derzeitige Komplexität der Wirtschaft für uns entschlüsselte, damit wir überhaupt erst verstehen konnten, was es abzulehnen galt. Doch wir waren längst zu kaputt, um noch verstehen zu können oder mitreden zu wollen, zu erschöpft, um den undurchdringlichen Nebel zu vertreiben. Bis etwas völlig Unerwartetes geschah.

Es gibt Probleme in der Geschichte der Menschheit, deren Lösung keine lebensferne politische Bildung, sondern eine massive Krise oder die Erweiterung unseres politischen Vokabulars erforderlich macht. Sobald die dringende Notwendigkeit lauthals vorgebrachter Forderungen entsteht, erwachen die im Wartezimmer der Geschichte versammelten Wörter zum Leben und zirkulieren durch unseren Alltag. Auf wundersame Weise fallen den Menschen wieder die Wörter ein, die ihnen in ihrem Widerstand helfen können, auch wenn sie sich vermutlich nicht mal daran erinnern, sie jemals vergessen zu haben. Genau das passierte im Frühling 2020.

… dieses Konzept gegenseitiger Hilfe wurzelt im anarchistischen Denken, das die Notwendigkeit förderlicher Gegenseitigkeit und der Unabhängigkeit von formalen Strukturen wie Polizei oder Kommunalverwaltung unterstreicht. In dieser Hinsicht arbeiten Covid-19 mutual aid groups (CMAGs, Gruppen gegenseitiger Hilfe) mittels kollektiver Solidarität auf eine neue Gesellschaftsform hin.

Im Juni 2020 schrieb Emma O'Dwyer, Dozentin für Politische Psychologie an der Kingston University, einen Aufsatz für die Website der London School of Economics, in dem sie erste Forschungsergebnisse über mehr als viertausend CMAGs in Großbritannien veröffentlichte. Obwohl viele dieser Covid-Selbsthilfegruppen aus der Not geboren waren und praktische Ziele wie die emotionale Unterstützung isolierter Menschen hatten, beschäftigten sich mehrere von ihnen zu diesem Zeitpunkt bereits mit ihren Mietproblemen, und zwar auf eine Art und Weise, die man wenige Wochen vor dem Lockdown als Fantasievorstellung eines Dorftrottels betrachtet hätte. Während sich die wirtschaftlichen Bedingungen weiter verschlechterten, bauten diese Gruppen sowohl in den USA als auch in Großbritannien Hilfsnetzwerke auf.

Die »Loser« begannen sich gegen Vermieter zu wehren, in deren Händen der älteste und unberührbarste Pfeiler des Kapitals lag: Grund und Boden. Wer die unter Thatcher und Reagan oktroyierte Transformation der Gesellschaft in den beiden Ländern hin zu einem entfesselten Kapitalismus miterlebt hatte, dem erschienen die Aktionen dieser CMAGs wie ein aufziehender Sturm gegen das schamlose kapitalistische Motto »Das ist alternativlos«.

Denn hier entstand eine Alternative, und zum Vorschein kam eine Wirtschaft im Untergrund, die auf Teilen und Kümmern basierte. Die Leute organisierten sich aus dem Nichts und innerhalb weniger Monate, obwohl sie gleichzeitig mit einer Pandemie zu kämpfen hatten. Auch wenn sich viele diesen Gruppen nur anschlossen, um einfach anderen zu helfen, vermochten sie dank ihrer moralischen Grundabsichten zu erkennen, dass Politik ein Teil des Lebens ist und sie Wirtschaft sehr wohl verstehen konnten, sobald sie sich in den künstlich geschaffenen Zahlennebel hineinwagten.

Politisch aktiv zu sein bestand plötzlich nicht mehr darin, Kropotkins Theorie der gegenseitigen Hilfe vorzutragen, sondern bedeutete, bei den kleinen, aber folgenreichen Entscheidungen mitzumachen, die in der realen Welt getroffen werden, also dort, wo diese Theorie Praxis wird. Letztlich wurden die Leute nicht durch spezifisch politische Bildung zur wirtschaftlichen Mitsprache motiviert und beschäftigten sich auch nicht mit Derivaten. Vielmehr zwang die pandemiebedingte Krise sie dazu, an politischen Treffen teilzunehmen, um so das Leben demokratischer zu machen und der Wand auszuweichen, gegen die wir alle zu prallen drohten.

»Solche temporären Solidaritätsaktionen richten aufs weltwirtschaftliche Ganze gesehen nicht viel aus.« Kaum hatten es die Menschen gewagt, in das vermeintlich unveränderbare Wirtschaftssystem einzugreifen, erhob der gleiche alte Missmut, den ich bereits aus den Nachrichtenredaktionen kannte, sein Haupt mit dem verdrießlichen Gesicht.

Das war nicht neu. Schon jahrzehntelang hatte man Leuten mit progressiven Ideen vorgeworfen, sie verfügten über keine soliden ökonomischen Konzepte. Und wenn sie welche hatten, hieß es gereizt: »Das ist unrealistisch.«

Weil die Progressiven hinsichtlich der Produktionsmittel nichts mitzureden haben und von der »kaufmännischen Rechten«, wie Piketty sie nennt, vor mehr als vierzig Jahren gedanklich aus dem Reich der Ökonomie verbannt worden sind, waren sie in den Augen derer, die sich der Widerlegung all dieser humanen und gerechten Konzepte verschrieben haben, natürlich bedeutungslos. Schließlich, so der Vorwurf, ignorierten sie ja die offenkundige Tatsache, dass im realen Leben die Vorstellungskraft häufig durch die Mittel, die dem Denker dort zur Verfügung stehen, beschränkt wird. Nachdem man sie im buchstäblichen wie übertragenen Sinne aus dem System geprügelt hatte, waren die Progressiven jedenfalls nicht in der Lage, einen hinreichend realistischen Plan zur Veränderung der Welt zu unterbreiten. Damit man sich eine bessere und erreichbare Realität vorstellen kann, muss man die wirtschaftliche Realität verstehen, und um die Realität zu verstehen, muss man an ihr teilhaben. Und nur ein Jahr vor Ausbruch der Pandemie war gerade diese Teilhabe das Problem.

»Viele Menschen finden es sogar gut, dass ihnen der Kapitalismus ein bisschen fremd ist, dass sie nicht wirklich wissen, wie er funktioniert. Diese Leute brauchen gewissermaßen eine politische Umschulung. Und dann müssen wir schauen, welche ökonomischen Kräfte sie wirklich wollen.«

Am Ende eines langen Gesprächs über die neue linke Wirtschaftsbewegung erklärte Johnny Gordon-Farleigh von der Aktivistenorganisation Stir to Action dem *Guardian*-Journalisten Andy Beckett, dass es letztlich darum gehe, ob sich die Leute auf das komplexe Terrain der Ökonomie wagen wollen, um es zu verändern und demokratischer zu machen, oder nicht.

In einem ausführlichen *Guardian*-Dossier über die neue linke Ökonomie und ihre konkreten Errungenschaften in Großbritannien hatte Beckett das wiedererwachte Interesse der Progressiven am wirtschaftlichen Aktivismus in den Mittelpunkt gestellt. Experimente mit dem »Inclusive Ownership Fund« (Arbeitnehmerfonds) in tendenziell linken Städten wie Bristol und Oxford erbrachten bereits gute Ergebnisse, und kommunal geführte Unternehmen liefen hervorragend. (Achtung! Wahrscheinlich sind Ihnen die gleich folgenden Prozentangaben schon ins Auge gestochen, und Sie wollen die nächste Passage reflexartig überspringen. Tun Sie's nicht! Wir müssen uns gemeinsam mit diesem Thema beschäftigen, ganz einfach weil es um unser verdammtes Leben geht. Also: »Inclusive ownership« bedeutet, dass britische Unternehmen mit mehr als 250 Angestellten einen Fonds einrichten müssen, in den sie zehn Jahre lang jährlich ein Prozent ihres Aktienkapitals einbringen, insgesamt also 10 Prozent. Die Fonds sind kollektives Eigentum der Beschäftigten. Diese erhalten auf ihren jeweiligen Anteil Dividenden, die auf 500 Pfund pro Jahr und Angestellten begrenzt sind. Darüber hinausgehende Beträge fließen in die Staatskasse.) Der Vorschlag war ins Parteiprogramm der Labour Party aufgenommen worden, und der amerikanische Präsidentschaftskandidat Bernie Sanders hatte bereits ein ähnliches Konzept vorgelegt.

Die Linke versuchte den gordischen Knoten unserer wirtschaftlichen Zukunft aufzudröseln. Die Idee, den Kapitalismus durch die Demokratisierung von Unternehmen zu regulieren, hatte man schon bis Ende der Siebzigerjahre verwirklicht; neu war der Mut, sie im 21. Jahrhundert auf nationaler Ebene und weltweit zu propagieren. Dieser Mut verdankte sich nicht zuletzt dem weithin eingestandenen Versagen des Kapitalismus, einem Phänomen, das 2016 sogar Eingang in die Berichte des Internationalen Währungsfonds fand.

Im Jahr 2020 erwies sich die Pandemie gewissermaßen als Krönung des Systemversagens. Bis August sank die britische Wirtschaft um 20,4 Prozent. Der IWF prognostizierte einen

Anstieg des Defizits im Verhältnis zum Bruttoinlandsprodukt von 3,3 Prozent im Jahr 2019 auf 16,6 Prozent im Jahr 2020, was einfach ausgedrückt hieß, dass der Winter bereits da war und sich die Situation schlimmer darstellte als in den Dreißigerjahren mit ihren folgenden großen Kriegen.

Selbst das Weltwirtschaftsforum schlug nun andere Töne an. Auf der Website des Forums bekam man plötzlich ganz Neues zu lesen. Da war von der globalen Notwendigkeit die Rede, »die Grundlagen unseres Wirtschafts- und Sozialsystems gemeinsam und zeitnah für eine gerechtere, nachhaltigere und widerstandsfähigere Zukunft umzugestalten«. Dies erfordere »einen neuen Gesellschaftsvertrag, in dessen Mittelpunkt die Menschenwürde und die soziale Gerechtigkeit stehen und der den gesellschaftlichen Fortschritt nicht hinter die Entwicklung zurückstellt«. Das Mainstream-Denken hatte also einen sehr guten Grund, neue Konzepte positiv aufzunehmen, auch wenn manches Kapitalistenherz dabei blutete.

Obwohl die Bedingungen für eine *petite révolution* mit dem Ziel einer Demokratisierung der Wirtschaft diesmal günstig waren, reagierte die Öffentlichkeit leider weniger begeistert auf die Mitsprachemöglichkeiten, als viele linke Theoretiker erwartet hatten.

Die bereits vier Jahrzehnte andauernde Beschwichtigung der Gesellschaft, der Versuch, die Mehrheit der arbeitenden Bevölkerung zu überzeugten Anhängern der Idee vom Kapitalismus als dem natürlichen Menschheitszustand zu machen, war offensichtlich erfolgreich gewesen. Trotz aller in der Pandemie aufscheinenden Solidarität zeigte sich die Öffentlichkeit kaum begeistert, als es darum ging, ihren Machtanteil innerhalb der politischen Ökonomie einzufordern. Die Endzeitstimmung hatte so stark um sich gegriffen, dass so mancher bereits an Nihilismus litt.

Für viele klangen die linken Konzepte zu gut, um wahr zu sein, und für den Planeten kamen sie angeblich sowieso zu spät, selbst wenn man sie realisieren würde. Im Jahr 2019 erzählte mir ein schwarzer Taxifahrer in Washington, er finde Alexandria Ocasio-Cortez ganz toll, unterstütze sie aber nicht. Sie sei »zu grün«. Als ich fragte, was er damit meine, erhielt ich eine Antwort, die einiges über die allgemeine Wahrnehmung progressiver Wirtschaftskonzepte aussagt.

»Na, das Leben ist doch kein Wunschkonzert!«

Piketty macht in seinem Buch drei Vorschläge, die nun wirklich nichts von einem Wunschkonzert haben: eine umfassendere Aufteilung der Macht in Unternehmen mit dem Ziel, echtes gesellschaftliches Eigentum zu schaffen, eine progressive Besteuerung großer Vermögen, um den Besitz von Kapital zu befristen, und eine Einmalzahlung als Startkapital an jeden jungen Erwachsenen. Eine solche Zahlung, finanziert durch Einnahmen aus der Vermögensteuer, hält Piketty für unerlässlich, »[u]m wirkliche Eigentumsstreuung zu erreichen, die es den ärmsten 50 % erlaubt, einen bedeutenden Anteil der Vermögenswerte zu halten und in vollem Umfang am wirtschaftlichen und gesellschaftlichen Leben teilzunehmen […]«.

Doch wie viele von uns sind heute überhaupt bereit, »in vollem Umfang am wirtschaftlichen Leben teilzunehmen«? An den Entscheidungsprozessen am Arbeitsplatz mitzuwirken und einen Beitrag zum komplizierten Geschäft des Budgetierens zu leisten? Erlaubt es uns unser Nihilismus – ob er nun das Resultat immer wieder erlebter Enttäuschungen ist oder ein erlernter Widerwille infolge generationenübergreifender Entpolitisierung –, dass wir uns aufraffen und die Last der Kapitalismusveränderung schultern? Die entscheidende Frage unserer Zeit wird bald folgendermaßen lauten: Sind genug Menschen bereit mitzuspielen, nachdem sie jahrelang vom

Spiel ausgeschlossen waren, und vor allem angesichts der Tatsache, dass es mit dem Spiel selbst bereits bergab geht? Können wir das Unternehmen, den eigentlichen Motor des Kapitalismus, in ein Gebilde verwandeln, dessen überprüfbare moralische Verantwortung gegenüber den Angestellten genauso viel zählt wie das Produktionsniveau und die Höhe des Gewinns? Können wir uns eine Wirtschaftspolitik vorstellen – und sie auch realisieren –, die in letzter Konsequenz mit dem Konzept des Privateigentums aufräumt und das Anhäufen von Kapital sowohl für illegal als auch für unmoralisch erklärt? Und am allerwichtigsten: Haben wir das Durchhaltevermögen, diese gewaltige Aufgabe mit kleinen Schritten anzugehen, indem wir beispielsweise in unserem jeweiligen Arbeitsbereich Kooperativen gründen oder die Gruppen gegenseitiger Hilfe in unseren Communitys stärken? Bringen wir den Willen auf, die Wand einzureißen, gegen die wir demnächst prallen werden – und zwar trotz des starken Gefühls, dass es dem Ende zugeht? Angesichts der massiven Probleme ist die Rede vom Weniger jedenfalls nicht genug. Doch was genügt dann?

Spätestens im Juli 2020 hatte jede multinationale Einzelhandelskette ihre eigenen, für die jeweiligen Eingangsbereiche der Läden extra konzipierten Desinfektionssäulen. Nun konnten die Kunden vor dem Betreten von H&M oder Zara ihre Corona-Waschungen durchführen und sich jenes verloren gegangene Gefühl sogenannter Normalität zurückholen. Wir waren keine von schlechtem Gewissen geplagten Kollaborateure des Konsumismus mehr, sondern hatten jetzt eine Mission: durch unsere Einkäufe die Weltwirtschaft retten.

In diesem neuen Abschnitt des Kapitalismus bewahrte man durch den Kauf eines überflüssigen T-Shirts eine Arbeiterin in einem Ausbeuterbetrieb vor dem Verhungern. Unser Kreuzzug für die Ware beseligte uns so sehr, dass wir das sinkende Schiff Kapitalismus plötzlich hingebungsvoll mit unseren Eimerchen leer zu schöpfen versuchten. Aus welchem Grund auch immer hielten viele von uns diese Option für realistischer als das Wunschkonzert.

Ganz besonders gefühlvolle Transaktionen spielten sich in inhabergeführten Läden ab. Wie egoistisch, weniger zu kaufen, wenn dem Gemüsehändler um die Ecke die Pleite droht, dachte man plötzlich. Wir hielten eisern zusammen: die Konsumenten – die verängstigte Mannschaft der freien Marktwirtschaft – und die Produzenten, die nicht weniger verzweifelt waren als die Passagiere der zweiten Klasse auf der *Titanic*.

Als im August 2020 die *Crew Dragon* – das erste bemannte Raumschiff, das SpaceX zur internationalen Raumstation geschickt hatte – sicher zur Erde zurückgekehrt war und der exzentrische Multimilliardär Elon Musk vor Freude schier platzte, sahen wir uns wirklich und wahrhaftig allein zurückgelassen. Auf viele wirkte Musks Raumschiff wie ein Fluchtplan der Superreichen. Uns, die wir die Erde ganz bestimmt nicht darin verlassen werden, blieb die Aufgabe, die Wirtschaft zu demokratisieren und einen Pakt zu schließen, um die Produktion, den Verbrauch und den Wirtschaftsverkehr zu regulieren, damit der Planet und wir selbst am Leben bleiben. Mir stellte sich nun die Frage: Was wäre der wichtigste Punkt in einem solchen Pakt?

»Glück ist, zu wissen, dass man genug hat.«

Als uns gegen Ende der seltsamen Corona-Sommerferien in Europa die beängstigende wirtschaftliche Realität der drinnen verbrachten Zeit bewusst wurde, las ich Kurt Vonneguts Definition von Glück und fragte mich: »Was ist genug?«

Im Gegensatz zu einer weitverbreiteten Annahme operiert

der Kapitalismus nicht in einem geschlossenen Kreislauf aus künstlich erzeugtem Verlangen und dessen permanenter Befriedigung. Nein, das System arbeitet mit der tief in ihm angelegten Angst vor Befriedigung.

Der Kapitalismus hat in jedem Individuum einen verschlüsselten Glauben geschaffen, der da lautet: »Sobald ich befriedigt bin, wird meine Existenz wertlos sein.« Uns treibt nämlich nicht der Mythos vom Glück an; es ist das Perpetuum mobile des Unglücklichseins, das uns zu aktiven Kollaborateuren des Systems macht.

Die Vorstellung von Glück hat tatsächlich etwas Beängstigendes, und wenn Kurt Vonnegut richtigliegt – und er liegt meistens richtig –, ist »genug« der Feind der Struktur, in der wir leben. Denn »genug« ist ein progressiver Geisteszustand, der es dem Individuum ermöglicht, das System der Gier abzulehnen, in dem das blinde Verlangen nach mehr pausenlos unsere Vorstellung vom persönlichen Glück attackiert. Wir können endlos darüber nachdenken, was in moralischer und philosophischer Hinsicht »genug« ist, können unsere Beschreibung unablässig überprüfen, um zu einer imaginierten besseren Menschennatur zu gelangen, doch »genug« ist nicht nur eine transzendentale Angelegenheit, sondern auch eine mathematische Tatsache innerhalb der Wirtschaft. Eine mathematische Tatsache, die in der realen Welt bereits in die Praxis umgesetzt wurde. Ich lebe zurzeit in einem Land, in dem die Erinnerung an eine solche Welt noch frisch und konkret ist.

»Wir hatten zwar weniger Auswahl, aber es gab genug.«

Um ihr beim Bettenkauf zu helfen, begleitete ich meine Freundin Merita, eine kroatische Journalistin und Romanautorin, zu Emmezeta, einem kroatischen Ikea. Seit meiner

Übersiedlung nach Zagreb frage ich Einheimische bei jeder sich bietenden Gelegenheit nach dem Alltagsleben im jugoslawischen Sozialismus. Das jugoslawische Modell ist ziemlich interessant, weil es sich nicht sehr von dem System unterscheidet, das Piketty und andere Ökonomen der neuen Linken vorschlagen: ein selbst verwalteter Marktsozialismus, in dem die Menschen das »Genug« demokratisch berechnen.

Vor dem Zusammenbruch des Ostblocks war Jugoslawien jahrzehntelang die Hoffnung der Progressiven in der restlichen Welt gewesen. In der Türkei wurde das jugoslawische System als »lächelnder Sozialismus« bezeichnet und als das Gegenteil der stalinistischen Schreckensherrschaft betrachtet. Mich interessierte kein Bücherwissen über das Modell, noch wollte ich die Feinheiten des Wirtschaftssystems in Erfahrung bringen; es ging mir darum, herauszufinden, ob dieses Modell das Konzept des »Genug« im Dasein der einzelnen Menschen, die in ihm lebten, definieren konnte. Irgendeinen Grund musste es schließlich haben, dass die »gute alte sozialistische Zeit« in Kroatien hinter den Kulissen gerade zum beliebten Gesprächsthema wurde.

Nachdem wir uns durch den bis an die Decke mit einer unglaublichen Warenvielfalt vollgestopften Möbelgroßmarkt gekämpft hatten, erreichten Merita und ich die Bettenabteilung und versuchten uns einen Überblick über das riesige Angebot zu verschaffen. Und da sagte Merita: »Es gab zwar keine so große Auswahl wie heute, aber ich kann mich nicht erinnern, dass irgendjemand unter Bettenmangel zu leiden hatte.«

Dann fiel ihr die Lederjacke ein, die sie als junge Frau Ende der Achtzigerjahre getragen hatte. »Auf unserer ersten Italienreise staunten die Leute über meine topmoderne Lederjacke. Die dachten, wir würden im sowjetischen Elend leben. Ich kam mir richtig cool vor und habe ziemlich angegeben mit meiner aus dem Sozialismus stammenden Jacke.« Doch dann kam der Krieg, und dann kamen die Nullerjahre. Jetzt hat das Land mehr, aber immer weniger Leute haben genug. Während wir umwabert vom chemischen Geruch nach Massenprodukten durch die Halle gingen, fielen mir die Geschichten über mein Land ein, die von der Zeit erzählten, als wir das »Genug« noch hatten berechnen dürfen.

Frauen ihres Alters, Frauen, die so gebildet, lebenserfahren und mit einer nie schwindenden *jeunesse* gesegnet sind wie sie, erzählen üblicherweise von ihren heimlichen Affären oder zählen auf, was sie in ihrem Leben unbedingt noch machen möchten. Doch immer wenn wir uns mit ihrem Lieblingscognac einen Schwips antranken – stets mit Rémy Martin, den ich getreulich von meinen Reisen mitbrachte –, kannte meine inzwischen verstorbene Mentorin und Freundin Demet, damals schon über siebzig, kein anderes Thema als die türkische Staatsplanungsorganisation.

Ich war neunzehn, als ich Demet in meinem ersten Jahr als Journalistin kennenlernte. Ihren Worten zufolge hatte sie mich am Tag unserer ersten Begegnung »von der Unwissenheit erlöst«. »Mann, hatte das Mädel Orientierung nötig!«, hieß es immer, wenn sie jemandem von damals erzählte. Bis zu ihrem Tod – ich war fünfundvierzig, sie achtzig – brachte sie mir unermüdlich bei, wie man als »schräge Frau«, wie sie es nannte, überleben konnte:

1. Du musst allein trinken können, ohne betrunken zu werden.
2. Du musst hervorragend Auto fahren können, denn manchmal bleibt einer Frau nichts übrig, als im fünften Gang abzuhauen.

3. Dein Kummer geht keinen was an. Heul daheim!
4. Häufe Freunde an, nicht Besitz.

Es gab noch einige andere Regeln, aber die wichtigste – die ich allerdings nie ganz verinnerlicht habe – lautete: »Mach einen Haushaltsplan, Dummkopf!« Weil Geld meinem Verständnis nach etwas war, was man schnellstmöglich loswerden sollte, hielt sie mir immer wieder Standpauken, und jede endete mit der Erwähnung der »Staatsplanung«.

In allen ihren Ermahnungen schwang etwas von »Uns bleibt immer noch Paris« mit. Ihr Paris hatte man ihr 1980 nach dem Militärputsch genommen, durch den die Türkei gewaltsam von einer staatlich regulierten gemischten Wirtschaft in eine freie Marktwirtschaftshölle umgestaltet worden war. Sie erinnerte sich lebhaft an die Zeiten, als noch nicht das überhebliche Grinsen der fröhlichen Kapitalisten das Land regierte, sondern die ernste Miene der klügsten Köpfe, die in der Türkei zu finden waren – Leute, die monatelang berechneten, was in jedem Produktionsbereich für das Land »genug« war.

»Dieses Jahr«, rief sie plötzlich, »schließen soundso viele Tausend Grundschullehrer ihr Studium ab, dabei brauchen wir nur soundso viele.« Wenn Produzenten überschüssige Oliven verbrannten, kamen ihr fast die Tränen. »Warum haben sie das nicht vorher berechnet!« Selbst als sie in den letzten Lebensjahren an Krebs erkrankt und völlig erschöpft war, brachte sie noch die Energie auf, die Idiotie der unregulierten freien Marktwirtschaft beschissen zu finden. Sie hatte damals sogar noch die Kraft, den *Ulysses* zu lesen. »Bei meinem Glück begegne ich drüben garantiert nur den Schriftstellern, deren Bücher ich nicht gelesen habe, und vor Joyce will ich mich nun wirklich nicht blamieren.« Mit solchen Scherzen wehrte sie sich gegen die Mitleidsmienen der um ihr Sterbebett versammelten Menschen.

Nachdem sie jahrelang gerechnet hatte und wusste, was »genug« war, verließ sie diese Welt desillusioniert. Viele ihrer Generation hatten geglaubt, man könnte mit Hilfe der Wissenschaft der Ökonomie für ein gerechteres Leben sorgen – eines, in dem die Menschenwürde vor den Angriffen des obsessiven »Mehr« geschützt wäre. Als ihre Altersgenossen längst in die neuen Menschen mit dem sattsam bekannten Grinsen verwandelt waren, gehörte sie zu den wenigen, die sich weigerten mitzuspielen. Sie war bis zu ihrem Tod überzeugt, dass »genug« eine mathematische Tatsache ist – und schlicht vernünftig.

Die Krebserkrankung hatte sie all den Demütigungen und Ungerechtigkeiten zu verdanken. »Das kommt von den vielen, vielen Enttäuschungen, meine Süße«, sagte sie einmal. Als das Klugscheißergrinsen 2020 selbst aus den Gesichtern der hartgesottensten Kapitalisten wich, lagen Demets Ansichten schließlich so stark im Trend, dass sie sogar von den maßgeblichen Wirtschaftsleuten geäußert wurden. Falls es drüben Rémy Martin gibt, wird sie sich garantiert einen Schwips antrinken, Adam Smith oder John Stuart Mill ausfindig machen und sie mit ihren Staatsplanungsstorys quälen. Denn sie ist eine, die nie vergisst, und auch ich erinnere mich.

Dass so viel von Erinnerung die Rede ist, wenn ich über Wirtschaft spreche, liegt weder an meinem begrenzten Wortschatz noch an einem Hang zur Nostalgie. Ich will damit nur sagen, dass das ganze Wissen, die ganze Erfahrung und alle Ideen, die wir brauchen, längst da sind – in der Vergangenheit wie in der Gegenwart. Wir brauchen nur den Willen, endlich anzufangen, und das Wissen um das »Genug«. Ganz gleich, wo Sie leben: Bestimmt birgt auch die Geschichte Ihres Landes großartige Projekte mit dem Ziel einer besseren Wirtschaft in sich, Projekte, die vergessen wurden, uns allen aber ausreichend Tatkraft und Ausdauer für einen neuen Versuch verleihen würden.

Sie wussten – und wir werden uns bald daran erinnern –, dass das Gegenteil von »mehr« nicht weniger ist, sondern »genug«.

8

RIFF STATT WRACK

»Die Inkompetenz der Sozialdemokraten ist zum Wahnsinnigwerden. Das Zentrum ist korrupt und, wenn wir ehrlich sind, ziemlich rechts. Und die neue Rechtspartei ist ganz einfach faschistisch. Ich habe für die neuen Progressiven gestimmt, aber die schaffen es wahrscheinlich nicht mal ins Parlament. Und selbst wenn, werden sie bestimmt nicht viel bewirken.«

An wie vielen Tischen und in wie vielen Sprachen mag diese Klage über unser politisches Dilemma in den letzten Jahrzehnten erklungen sein? Das von mir zitierte Beispiel war im Sommer 2020 am Tag der kroatischen Parlamentswahl bei einem Abendessen in meiner Zagreber Wohnung zu hören. Der kurze und seltsam lustlose Wahlkampf war auf der Straße kaum in Erscheinung getreten, und meine Gäste, allesamt politisch aktive Menschen, verloren kaum ein Wort über die Wahl. Rings um den Tisch mit den Resten meiner wild improvisierten balkanisch-mediterranen Fusion-Gerichte machte sich in unterschiedlichen Worten eine gewisse Müdigkeit breit. Obwohl wir uns gegenseitig fast krampfhaft beteuerten, wie wichtig Wahlen seien, konnte keiner von uns im Wählen noch konstruktives politisches Handeln erkennen. Wir sahen darin höchstens den verzweifelten Versuch, das Allerschlimmste zu verhindern.

Nachdem die letzte Begeisterung für die Parteipolitik der Neunzigerjahre verraucht war, blieb Wählen das einzige noch existierende Werkzeug der Demokratie, mit dem wir uns gegen ihr völliges Verschwinden schützen konnten. Die Wahlurnen waren die sich immer weiter zurückziehende Verteidigungslinie der Progressiven und unsere Stimmen die Holzschwerter, mit denen wir in glänzender Rüstung den Vormarsch des Faschismus bekämpften. Nach jedem hart erfochtenen Sieg, den wir feiern konnten – nach der amerikanischen Präsidentschaftswahl 2020 beispielsweise –, wirkte unser euphorischer Jubel fast tragisch.

Die Leute an meinem Tisch hatten genug Ahnung von Politik, um zu wissen, warum die Holzschwerter so wirkungslos geworden waren: Wenn etablierte progressive Parteien es zulassen, dass der entfesselte Kapitalismus die soziale Gerechtigkeit in Gefahr bringt, wird es unmöglich, glaubwürdig eine bessere Demokratie zu versprechen. An jenem Sonntag war uns allen vollkommen klar, dass das Problem der weltweit beeinträchtigten Demokratie nicht durch ein paar progressive Abgeordnete mehr im kroatischen Parlament – oder in welchem auch immer – gelöst werden würde. Bis zur Bewältigung des eigentlichen Problems würde die aktuell existierende Demokratie sich mit Zuckerguss überziehen müssen, um besser zu schmecken, und nicht umhinkönnen, ihre Attraktivität mittels virtueller Aufwertungsmaßnahmen zu erhöhen, um Bürger in die Wahlkabinen zu locken.

Als die junge Polin Veronica Bielik eines Morgens in ihrem Bett erwachte, stellte sie fest, dass sie zu einer politischen Figur geworden war.

Nur vierundzwanzig Stunden zuvor hatte sie das erste politische Instagram-Posting ihres Lebens veröffentlicht und in dieser Zeit mehr als 75 000 Likes und über 500 Kommentare erhalten. Veronica hatte 2,9 Millionen Follower; »Fitness-Mode-Reisen« stand in ihrer Instagram-Bio. Bis zu ihrer plötzlichen politischen Metamorphose im Mai 2019 hatte sie für gewagte Bikinis und extrem enges Workout-Outfit geworben. Ihr jüngstes Foto, auf dem sie in Sport-Tights so posierte, dass ihr perfekt geformter üppiger Hintern gut zur Geltung kam, war allerdings Teil einer von der Agentur Chase Creative für die EU durchgeführten politischen Social-Media-Kampagne. Junge Leute sollten mit dem Motto »If you give a shit, give a vote« (Wenn dir nicht alles am Arsch vorbeigeht, geh wählen«) zur Stimmabgabe motiviert werden. Und Bielek erklärte, was *ihr* nicht am Arsch vorbeiging:

> Freut euch, Digital Natives! 2017 wurden die Roaming-Gebühren innerhalb der EU abgeschafft. »Roam like at home« heißt, dass auf Reisen innerhalb der EU jeder Anruf, jede Textnachricht und jede Datennutzung per Handy genauso viel kostet wie zu Hause.
> Jetzt müsst ihr im Urlaub nicht mehr warten, bis ihr das WLAN im Hotel oder Restaurant nutzen könnt, um das coole, extra für euren Insta-Account geknipste Foto hochzuladen. Ich finde es toll, dass ich meine Insta-Storys von unterwegs in Echtzeit teilen kann. Das macht alle Emotionen so real.
> Wenn euch das auch wichtig ist, dann geht nächste Woche zur Europawahl! #givevote.

Während die EU die Wahlurnen möglichst sexy zu machen versuchte, um die Jugendlichen zum Wählen zu bewegen, waren 1,4 Millionen junge Leute, vorwiegend Teenager, bereits so stark politisch engagiert, dass sie in weltweit 1400 Städten Klimastreiks organisiert hatten.

Anfangs wirkte die Aktion, als würden sich naive Halbwüchsige ums Wetter sorgen. Doch bald wurden ihre Forderungen bekannt: Um das Leben auf der Erde zu retten, wollten sie die totale Umgestaltung des globalen Wirtschafts- und Sozialsystems. Diese jungen Leute hatten keinen Anstoß von außen gebraucht, um politisch zu handeln. Im Gegenteil – viele machten mit, obwohl ihnen das Establishment ihres jeweiligen Landes massiv drohte. Obgleich ihr Leben durch diese politische Aktion geprägt war, fiel ihre Begeisterung für einen Wachwechsel im politischen Establishment der EU oder ihres jeweiligen Landes wesentlich geringer aus. Die Option, ihre politische Energie auf herkömmliche politische Prozesse zu verwenden, war für sie nicht attraktiv. Die Klimastreikenden und Aktivistinnen und Aktivisten anderer progressiver Proteste überall auf der Welt hielten ihre politischen Aktionen bewusst auf Distanz zur etablierten Politik.

Im Jahr 2020 ähnelte das Establishment mehr und mehr einem sinkenden Schiff. Seine Bemühungen, eine bessere Zukunft in die Wege zu leiten, wurden von einer autoritären Welle hinweggespült. Gleichzeitig häuften sich die diversen Bemühungen, auf der Suche nach festem Grund eine neue Politik außerhalb des Establishments zu finden. Unterdessen entstand am Rand Europas eine scheinbar in keinem Zusammenhang damit stehende Lebenssphäre.

Im Sommer 2016 hatte man in der Bucht von Kuşadası, einer Ferienregion an der türkischen Ägäisküste, einen ausrangierten Airbus im Meer versenkt, um eine neue Attraktion für Taucher zu schaffen. Meerestiere und -pflanzen würden das

Wrack nach und nach annehmen und sich zu eigen machen. Das tote Flugzeug würde Leben beherbergen. Überzogen mit Fleisch aus pulsierender Vielfalt, würde das Metallskelett zu neuem Leben erwachen und irgendwann kein Wrack mehr sein, sondern ein Riff. Im Mittelmeer sollte ein eigenes souveränes Reich entstehen, Zuflucht für eine Vielzahl von Lebewesen.

Bis vor Kurzem war im Zusammenhang mit dieser Unterwasserattraktion nur darüber informiert worden, wie man das Flugzeug auf den Meeresboden bekommen hatte, doch dann berichteten die ersten Taucher von den Oktopussen, die sich im Cockpit tummelten, und von den Meeresschildkröten, die es in der Toilette der Business-Class miteinander trieben. Im Lauf der Zeit würde das Leben das Flugzeugskelett so verwandeln, dass nichts mehr an ein Wrack erinnerte. Bisher obdachlose Fischschwärme fänden Unterschlupf. Und genau so könnte auch die Politik der nächsten Jahrzehnte aussehen.

Menschen, die sich in den neuen politischen Bewegungen engagieren und über sie nachdenken, hören und besprechen seit Ende der Neunzigerjahre das Knarzen des sinkenden politischen Establishments. Doch es ist nicht leicht, den neuen politischen Bewegungen, die das sinkende Schiff umkreisen, einen Namen zu geben. Denker wir Antonio Negri und Michael Hardt bezeichneten das Phänomen mit dem Wort »Multitude« (»Menge«).

Der französische Ethnologe Didier Fassin beschrieb diese Aktionen als Bildung »beweglicher Souveränitäten«. Unabhängig davon, welche Bezeichnung man für die treffendste hält, wird eines von Jahr zu Jahr deutlicher: Der immer wieder unterbrochene, insgesamt aber stetige lange Marsch der Machtlosen hat begonnen und findet vor unseren Augen statt. Seit den Antikapitalismus-Protesten 1999 in Seattle legt die globale

Opposition ein neues politisches Verhalten und große Leidenschaft an den Tag.

Die scheinbar unerträglichen Widersprüche, in denen die neuen progressiven Bewegungen steckten und nach wie vor stecken, wirken sich erfrischend und fruchtbar aus: Sie können die politische Atmosphäre fast magisch verändern, sind aber nicht wirklich daran interessiert, die Macht zu ergreifen und sich an die Spitzen der bestehenden Institutionen zu stellen. Nach den wiederholten Enttäuschungen, die sie in liberalen Demokratien erfahren mussten, hält sich ihr Wunsch nach dem Anschluss an althergebrachte politische Organisationen in Grenzen. Sie wissen genau, dass Demokratie ohne soziale Gerechtigkeit reine Show ist und der Gesellschaftsvertrag zum blanken Unsinn verkommt, wenn der ärmste Bürger dem reichsten nicht annähernd gleichgestellt ist. Nachdem die progressiven Bewegungen das Vertrauen in die Institutionen eines solchen Systems verloren haben, probieren sie jetzt neue Wege aus, um auf globaler Ebene untereinander vernetzt zu bleiben.

Obwohl die Akteure der neuen Opposition die Grenzen ihrer Individualität meist übervorsichtig schützen, handeln sie, wenn es losgeht, absolut synchron und geeint.

Das Konzept einer Anführerfigur lehnen sie ab; entweder stellen sie bei jeder Aktivierung der Bewegung eine neue Person an die Spitze, oder sie setzen auf Formen kollektiver Führung. Sie sind stolz auf ihre Spontaneität und Unberechenbarkeit, weisen aber bisher dennoch ein bestimmtes Muster auf: Die physisch stattfindenden Proteste wirken zwar zunächst wie eine Reaktion auf Unterdrückung; begegnet man den Protestierenden aber mit massiver staatlicher Gewalt, ziehen sie sich in ihre Schlafzellen zurück, anstatt sich wie frühere Generationen ihrerseits zu bewaffnen.

Als Angehörige einer Generation, die in eine von Zynismus und Sarkasmus geprägte Zeit hineingeboren wurde, sind sie zwar alles andere als naiv, wünschen sich jedoch in ihrer Mehrzahl etwas, das man romantisch nennen könnte: eine freundliche Form von Macht, die nicht korrumpiert, und eine Organisationsform ohne repressive Hierarchie. Sie fordern keine simple Umkehrung der Machtbeziehung zwischen Unterdrückten und Unterdrückern, sondern verfolgen das Ziel, sowohl auf der weltpolitischen Ebene als auch innerhalb der eigenen Bewegungen das Prinzip Macht per se zu verändern. Der US-amerikanische Schauspieler Harrison Ford hatte recht, als er die Klimastreikenden 2019 als »moralische Armee« bezeichnete. Indem sie fundamentale Voraussetzungen des herrschenden Systems in Frage stellen, sprengen ihre Forderungen den Rahmen der Realpolitik und dringen in den Bereich der Philosophie und Moral vor. Die Frage, *wie sie sein sollen*, ist ihnen genauso wichtig wie die Frage, was getan werden soll und wie.

So fruchtbar diese Widersprüche auch sind, führen sie allerdings dazu, dass sich der Ansatz der neuen Progressiven nicht mit den bestehenden Institutionen der repräsentativen Demokratie inklusive der etablierten linken Parteien vereinbaren lässt, von den gemäßigten ganz zu schweigen. Selbst dort, wo die neuen Progressiven ihre unüberschaubare Vielfalt in die engen Strukturen der repräsentativen Demokratie gezwängt haben, konnten die konventionellen Oppositionsparteien keine organisatorischen Mittel entwickeln, die es ermöglicht hätten, die jeweilige Bewegung permanent bei sich aufzunehmen, ohne deren Dynamik abzuschwächen. Da die traditionellen Regeln der Parteipolitik innerhalb der Bewegung nicht gelten, hat bisher noch jeder Versuch einer solchen Allianz zu einem organischen Ungleichgewicht geführt. Wie man die beiden scheinbar zusammenpassenden Legosteine auch aufeinanderdrückt – sie lassen sich nicht ineinanderstecken.

Letztlich bleibt bis heute das folgende gravierende Grundproblem: Die neuen Progressiven hatten und haben Schwierigkeiten mit dem Behaustsein. Sie sind weder bereit, das Haus des Establishments zu betreten, noch wollen sie im Einklang mit den derzeit innerhalb der politischen Strukturen herrschenden Regeln ein eigenes bauen, weil sie befürchten, es würde doch nur Ersterem ähneln. Der Widerstand ist schlicht obdachlos. Er kann *besetzen*, aber er kann sich nicht niederlassen – oder will es nicht. Wie die Fischschwärme suchen die neuen Progressiven eine einzigartige Konstruktion, die ihre Bewegungsfreiheit und Vielfalt nicht einschränkt. Sie brauchen eine Einheit, in der sie alle synchron pulsieren können, ohne dass Druck auf den ausgeübt wird, der aus dem Takt gerät. Damit stellen sie Fragen, die scheinbar nicht zu beantworten sind: Können wir eine Vielheit schaffen, ohne Einmaligkeit zu beinträchtigen? Können wir eine umfassende Einheit bilden, die ihre Bestandteile nicht zur Gleichförmigkeit zwingt? Kann unsere Formlosigkeit zur dauerhaften Form werden? Gelingt es uns, eine neue Politik zu erfinden, die niemanden ausschließt oder zurücklässt? Denn die Mitstreiter der Bewegung haben in deren jüngster Geschichte Gesichter gesehen, die sie nicht vergessen wollen. Auch ich erinnere mich an das, was sie nicht ausblenden können.

»Beendet das Schweigen, nicht das Leben. In Kroatien leiden 90 000 Menschen an Magersucht und Bulimie. Sie verdienen kostenlose medizinische Behandlung.«

In der Innenstadt von Zagreb steht jeden Samstag ein Mann mit einem Plakat, auf dem diese Sätze zu lesen sind. Er brüllt nicht, er spricht nicht. Er steht nur reglos mit dem Plakat um den Hals am immer gleichen Fleck, seit seine Tochter vor Jahren an Anorexie erkrankt ist. Er scheint darauf zu warten, dass etwas passiert und seine hilflose Einsamkeit ein Ende findet. Wenn ich ihn sehe, fallen mir andere einsame Gesichter ein, zu anderen Zeiten, an anderen Orten. Der alte Mann auf dem Tahrir-Platz in Kairo, in dessen Turban ein großer Olivenzweig steckte. Auf sein weißes Gewand hatte er ein langes Statement über den Schmerz der Ungerechtigkeit geschrieben. Rings um ihn ging ein gewaltiger Aufstand in die Geschichte ein, und endlich hatte er einen Platz gefunden, an dem er stehen konnte, ohne dass man ihn für den Dorftrottel hielt. Oder der Mann 2002 in Porto Alegre. Ein Einheimischer um die vierzig, der wegen der billigen Caipirinhas nur kurz beim Politkarneval des Weltsozialforums (WSF) vorbeischauen wollte, dann aber wegen der hitzigen Diskussionen blieb. Verzweifelt und fast unter Tränen ersehnte er sich ein Ja als Antwort auf seine Frage »Ist eine andere Welt wirklich möglich?«. Oder die Trans-Frau in Mumbai, Indien, eine Sexarbeiterin, die an den Behörden vorbei ein Kind adoptiert hatte. Beim Tanzen mit ihrem kleinen Sohn auf der Schlussfeier des zweiten Weltsozialforums 2003 fühlte sie sich, wahrscheinlich zum ersten Mal, ganz miteinbezogen. Ihr Gesicht strahlte vor Freude. Oder die drei Klebstoffschnüffler, obdachlose Istanbuler Kinder, die ihren großen Brüdern abgeklärt lachend und im vollen Bewusstsein ihrer historischen Rolle halfen, ein Polizeifahrzeug umzukippen, das sie mit Wasser bespritzt hatte. Der Gezi-Aufstand 2013 war wohl das erste und letzte Ereignis, bei dem man sie als Teil des Volks behandelte.

Wann immer ich den Mann in Zagreb sehe, erscheint mir das zwanglose moralische und politische Streben der neuen politischen Bewegungen noch wichtiger und nobler: Es bezieht die Machtlosen mit ein und schließt niemanden aus – auch die eigenbrötlerisch Einsamen nicht. Und die Eigenbrötler, die sich anschließen und Teil der »Menge« werden, erweitern die Grenzen der Bewegung und verwandeln sie in eine unendlich weite amorphe Architektur. Dieses ureigene Verdienst wollen die Bewegungen keinesfalls aufs Spiel setzen. Es ist ihnen nicht nur wichtig, solche Gesichter nicht grundsätzlich auszuschließen, sondern sie wollen auch unser Recht schützen, genauso eigenbrötlerisch zu sein. Es geht ihnen um Inklusion ohne Regulation. Auf das Fundament dieser fröhlichen Bescheidenheit wollen sie das Leben und die Politik stellen.

Es ist nicht leicht, etwas derart Unbegrenztes zu strukturieren, das zugleich ambitioniert und bescheiden ist. Welche Architektur kann ein so unbeständiges, fließendes Politikum in sich fassen, ohne es zu schmälern? Das neue politische Magma sucht einen Behälter, der dem Fließenden keinen Widerstand leistet, sondern sich bereitwillig davon formen lässt. Einen solchen Behälter wird man bestimmt eines Tages erdenken. Bis dahin aber wird die Bewegung, die »Menge«, die »bewegliche Souveränität« wohl darauf angewiesen sein, wie alle Obdachlosen vorübergehend Zuflucht auf dem Schrottplatz der gescheiterten Institutionen zu finden – allerdings nicht oberflächlich, wie in der Instagram-Kampagne der EU, sondern ehrlich und organisch.

Einigen mag diese Perspektive nicht revolutionär genug sein. Doch die Probleme, denen sich die Welt gegenübersieht, und die drohende Gefahr, die Demokratie ganz an den Faschismus zu verlieren, zwingen uns dazu, unsere politische Energie in die konventionellen politischen Strukturen zu integrieren, um sie radikal zu transformieren – zumindest bis das Wrack zum Riff geworden ist. Der Oktopus muss nicht unbedingt ein Flugzeug steuern können, um das Cockpit zu besetzen. »The fish knows everything«, sang Iggy Pop in dem

Film *Arizona Dream*. Und heutzutage hat der Fisch vielleicht sogar einen Plan.

Im Frühling 2020 zeigten sich New York, London und Istanbul, drei Metropolen, an denen sich seit jeher die nahe politische Zukunft ablesen ließ, in einem bis dahin nicht gekannten Ausmaß rebellisch. In New York City wurde der Gouverneur des Bundesstaats New York im Umgang mit der Pandemie zum direkten Widersacher von Trump, der Bürgermeister von London befand sich bezüglich der Maßnahmen gegen das Virus in einem Kalten Krieg mit Boris Johnson, und Ekrem Imamoğlu, der Bürgermeister von Istanbul, bemühte sich während des Lockdowns, das städtische Hilfsprogramm fortzusetzen, obwohl ihn Präsident Erdoğan gnadenlos daran zu hindern versuchte.

Mehrere andere Städte oder Bundesstaaten in diversen Ländern standen damals in offenem Konflikt mit ihrer rechtspopulistischen Zentralregierung. Zum ersten Mal wurden die Schamlosigkeit und der bequeme Leichtsinn, deren sich solche Regierungen als politisches Werkzeug bedienten, von kommunalen Organen entschlossen und organisiert bekämpft.

In einer Situation, die von wachsenden moralischen und politischen Spannungen geprägt war, standen die Bewohner der drei Städte zum ersten Mal seit Langem auf der Seite ihrer kommunalen beziehungsweise bundesstaatlichen Regierung und opponierten engagiert gegen den von der Zentralmacht aufgezwungenen politischen Irrsinn. Es entstand eine neue Dynamik, die den politischen Kampf in den nächsten zehn Jahren prägen könnte. Wie um den neuen Trend zu bestätigen, kam es bei den Kommunalwahlen in Frankreich zu einem beispiellosen Sieg von Grünen und Sozialisten, den politischen Gegnern Präsident Macrons, der als letzte Option gegen den aufkommenden Faschismus gewählt worden war. Durch den rechten Populismus und die verzweifelten Versuche der traditionellen Opposition, das Establishment zu schützen, war die nationale repräsentative Demokratie gelähmt, während Regional- und Stadtregierungen die neue progressive Politik nach und nach übernahmen. Damit begannen sie Riffen zu ähneln, die sich auf dem Skelett der herkömmlichen Politik bildeten. Für Leute, die sich 2002 in Brasilien aufgehalten hatten, war das allerdings nichts Neues.

»Eine andere Welt ist möglich«, riefen viele Tausend Menschen, die aus der ganzen Welt zum ersten Weltsozialforum nach Brasilien gekommen waren. Porto Alegre, Gastgeber der karnevalesken Zusammenkunft, praktizierte bereits ein innovatives Modell demokratischer Mitbestimmung, das konventionelle repräsentative Institutionen mit der Teilnahme an offenen Bürgerversammlungen verband. Die Mitbestimmung über den sogenannten Bürgerhaushalt brachte jedes Jahr Tausende Bürger in öffentlichen Sitzungen zusammen, in denen über die Hälfte der Haushaltsmittel entschieden wurde. Der Bürgerhaushalt war die erfolgreichste Alternative sowohl zum autoritären Zentralismus als auch zum neoliberalen Pragmatismus der damaligen Zeit. Das Verfahren erwies sich nicht nur als effizientes Mittel gegen die Korruption in den demokratischen Institutionen Brasiliens, sondern half auch im Kampf gegen die in Porto Alegre selbst herrschende Armut und Ungleichheit.

Das Modell wurde der restlichen antikapitalistischen Bewegung zur Nachahmung vorgeschlagen, doch damals war der Widerstand zu selbstbewusst, um sich auf die kommunale Ebene zu beschränken. Die massive Niederlage der Stop the War Coalition – der zeitlich abgestimmten weltweiten Proteste gegen die Invasion des Irak – und die totale Nichtbeachtung dieser Demonstrationen durch die Regierenden lagen noch in der Zukunft. Damals glaubten wir alle noch, die Obrigkeiten der demokratischen Welt würden zuhören, wenn sich Menschen äußerten. Uns war noch nicht richtig bewusst, dass wir, das Volk, in der neuen, global verkrüppelten Demokratie weniger Macht besaßen als anfangs geglaubt.

Die Illusion, in einem entfesselten Kapitalismus wäre wahre Demokratie möglich, ist inzwischen zerstoben. Mit der Filmrivalität zwischen Rocky und Ivan Drago in den glitzernden Achtzigerjahren ist es vorbei. Heute stehen in einer Ecke des Boxrings die letzten Söldner des Kapitalismus – die autoritäre Politik, die sich um die Demokratie nicht schert, solange die Wirtschaftsmaschine rundläuft – und in der anderen die Massen, deren Meinung kaum und nur in unwichtigen Belangen gefragt ist. Wir sind also schließlich da angekommen, wo Porto Alegre längst war. In der aktuellen Autoritarismusdämmerung leuchten die Kommunen endlich hell genug, um neue progressive Bewegungen anzuziehen. Und diesmal sind die neuen Progressiven endlich reif und erfahren genug, um die Form des Wracks zu verändern, auf dem sie sich niedergelassen haben. Der politische Zeitgeist sagt uns das immer Gleiche in unterschiedlichen Sprachen: Auch wenn die Mitte zerfällt, besteht noch die Chance, dass der Rand hält.

»Sehr lecker! Was ist das?«, fragten meine Freunde, als ich gegen Ende unseres Demokratie-Essens an jenem Sonntag im Sommer 2020 das sogenannte Dessert servierte. Jede Türkin und jeder Türke hätten über das Lob gelacht, denn es war nicht mal ein richtiges Dessert, sondern nur eine Mischung aus geröstetem Tahini und türkischem *pekmez*, dickflüssiger Traubenmelasse.

Während wir unsere Maisbrotstückchen in die Mischung

dippten, verlagerte sich das Gespräch über die Parlamentswahl immer wieder auf die im folgenden Jahr anstehenden Kommunalwahlen. Sobald die politischen Möglichkeiten der Städte thematisiert wurden, kam das Gespräch erneut in Schwung, und die potenziellen Siege auf kommunaler Ebene schmeckten besser als mein Fake-Dessert. Plötzlich ging es nicht mehr um Zahlen und um das kalte arithmetische Gesicht der Realpolitik, sondern um Namen, Menschen und Möglichkeiten. In der Runde war endlich wieder etwas von der politischen Lebhaftigkeit der Neunzigerjahre zu spüren. Bis Mika, die ewige Spaßbremse in solchen wundervollen Momenten, mit ernster Miene sagte: »Die Mitte kann nicht vor dem Rand gekapert werden. Aber kann der Rand überhaupt noch etwas bewirken, wenn die Mitte fehlt?«

»Vielleicht gibt es bald keine Mitte mehr«, erwiderte ich. »Dass wir es uns momentan nicht vorstellen können, ändert nichts an der Tatsache, dass alles Mögliche passieren kann.« Mein Enthusiasmus rührte weder vom Zuckerrausch, noch konnte ich Mikas Plädoyer für Pessimismus normalerweise widerstehen. Aber wir hatten nur wenige Wochen zuvor etwas Unglaubliches miterlebt.

»Ich bin so froh, dass ich das noch erleben darf!«

Mitte Juni 2020 hatte ich das Gefühl, Angela Davis, die legendäre Marxistin und Kämpferin für die Abschaffung der Gefängnisse, würde mir direkt antworten. Seit Wochen ging mir eine Frage nicht aus dem Kopf: »Was mag Angela Davis beim Anblick der Millionen Menschen fühlen, die ihre Forderungen nach so langer Zeit endlich in die Welt hinausschreien?«

Alle, die wie Davis »einen Traum hatten« und diesem Traum ihr Leben lang nachgegangen waren, erlebten nun, wie sich ganz plötzlich etwas veränderte. Fast über Nacht verflog die jahrzehntelange Enttäuschung. Unter dem Druck der *Black Lives Matter*-Proteste nach der Ermordung George Floyds durch einen Polizeibeamten gab der Stadtrat von Minneapolis die angestrebte Auflösung der Polizeibehörde bekannt.

Die Polizei abschaffen – so lautete der Slogan einer Generation, die das Unmögliche gefordert hatte. In den Siebzigerjahren hatten die Rolling Stones noch »Sweet Black Angel« für Angela Davis gesungen. Dann aber gingen die Achtziger und Neunziger vorüber. Davis wurde in ihrem eigenen Land verurteilt, inhaftiert und bis vor Kurzem geradezu dämonisiert. Ihre persönliche Geschichte war die Geschichte ihrer Generation: gebrochen und unterdrückt. Doch Anfang der 2000er-Jahre hatte ein neues Zeitalter begonnen. Das Knarzen des sinkenden Schiffs wurde so laut, dass alle es hörten, und überall auf der Welt sahen immer mehr Menschen das Neue.

So gut wie jeder Aufstand der letzten zehn Jahre, der als Wendepunkt in der Geschichte der neuen Politik betrachtet werden kann, war noch vierundzwanzig Stunden vor seinem Beginn selbst für die besten politischen Analysten nicht vorstellbar gewesen.

Niemand konnte vorhersagen, dass der Al-Kasbah-Aufstand wegen eines einzelnen Gemüsehändlers ausbrechen würde, der sich selbst verbrannte, um gegen seine Armut zu protestieren. Er war nicht der Erste, und die allermeisten dachten, eine weitere Selbstverbrennung würde Tunesien »am Arsch vorbeigehen«. Als sich ein paar Dutzend Leute im Gezi-Park versammelten, sah fast niemand voraus, dass dieses Häuflein den größten Aufstand der türkischen Geschichte in Gang setzen würde. Jede große Revolte, die den politischen Zeitgeist von heute geprägt hat, begann aus heiterem Himmel. Und wir, die wir das Privileg haben, über diese Bewegungen sprechen und schreiben zu dürfen, verstehen erst im Nachhinein, warum und wie sie alle entstanden.

Wenn wir ehrlich sind, besaßen nicht einmal diejenigen unter uns den Mut, derart massive Aktionen öffentlich zu prophezeien, die durchaus erwartet hatten, dass die Wut irgendwann losbrechen würde. Wir waren genauso überrascht wie Angela Davis – eine der engagiertesten Stimmen, eine, die einst »We Shall Overcome« sang –, als sie »Ich habe so etwas noch nie erlebt« sagte. Und auch wir misstrauten unserer Fähigkeit, politische Entwicklungen in unseren eigenen Ländern kommen zu sehen, obwohl wir glaubten, wir hätten den Finger am Puls der Zeit. Vielleicht überholt die Aktion heute die Vorstellungskraft und wir müssen unser Verständnis von Politik entsprechend verändern. Diese Geschichte ist anders; sie gebiert sich selbst, noch bevor es das Vokabular gibt, das sie beschreiben könnte.

Sie haben bestimmt von den Kleinkindern gehört, die die Illustrationen in ihren Bilderbüchern zu vergrößern versuchen, weil sie die Seiten mit Smartphone-Displays verwechseln. Die Augen mancher Kinder sind bereits perfekt an 3D-Filme gewöhnt, während ich so viel Input höchstens fünf Minuten ertrage. Ganz zu schweigen von den Virtual-Reality-Brillen, die mich, wenn ich sie aufgesetzt habe, fast sofort aus dem Gleichgewicht bringen – was Jugendlichen, die sich in dieser neuen Welt wie zu Hause fühlen, so gut wie nie passiert. Vielleicht werde ich es als Geschichtenerzählerin tragischerweise hinnehmen müssen, dass neue Medien eine ganz andere Dimension des Denkens erforderlich machen.

Manchmal überlege ich zum Zeitvertreib, wie ein Drehbuch für eine 360-Grad-Kamera aussehen müsste – eine Geschichte mit unendlich vielen Anfängen, die in unendlich viele Richtungen führen. Bis jetzt hat noch niemand so etwas veröffentlicht. Die Geschichten in der neuen Dimension werden noch immer linear erzählt: Das Publikum – beziehungsweise die Teilnehmer – werden von den Bildern oder vom Ton nach wie vor durch eine bestimmte Handlung geführt. Doch diese Kamera existiert und wartet geduldig darauf, dass die Geschichtenerzähler ihre Fähigkeiten erweitern. Vielleicht wird die entsprechende Erzählform in den nächsten zehn Jahren ausschließlich von denen erfunden, die mit diesen Dimensionen aufwachsen und daran gewöhnt sind. Vielleicht erfinden sie dann auch die neue Politik in ihrer Quantenform. Schließlich leben wir im Zeitalter des Unvorstellbaren und Unvorhersehbaren. Aber wir müssen da sein, damit wir es nicht verpassen. Bis dahin bleiben wir am besten im Schwarm und bereiten uns emotional darauf vor, überrascht zu werden. Womöglich bleiben unsere Träume nicht immer nur Träume, und damit wir auf ihre Erfüllung vorbereitet sind, muss der Zynismus verschwinden.

9

FREUNDSCHAFT

»Halt sie mir vom Leib, flüsterte ich. Erst als Yurttaş ungerührt weiterknipste, wurde ich lauter. »Hör auf und halt sie mir vom Leib. Bitte!« Nach kurzem Zögern gab sich der mit mir befreundete Fotoreporter einen Ruck und zog die kleinen Kinder mit aller Entschlossenheit, die er aufbieten konnte, nacheinander von mir weg.

Als sie ihn daraufhin wie kleine Sperber an Armen und Beinen packten, sah auch er, dass diese Fünfjährigen in der Lage waren, einen Erwachsenen in Stücke zu reißen. Yurttaş ähnelte einem verzweifelten Gulliver, umzingelt von angreifenden Liliputanern, denen er keinesfalls wehtun wollte. Seine Stimme zitterte vor Angst, die Kinder versehentlich zu verletzen und damit einer von den bösen Erwachsenen zu werden, und er musste sich mühsam den einen oder anderen Fluch verkneifen. »Weg da, ihr ...«

In der letzten Oktoberwoche 2005 machte ein Video, das aus einem Waisenhaus geleakt worden war, die türkische Öffentlichkeit fassungslos. Der Film zeigte die barbarische systemische Gewalt, der die Kinder ausgesetzt waren. Die Informantin, eine Betreuerin, erwartete uns am Abend des 29. Oktober am

Eingang des Heims im unbarmherzig kalten weißen Neonlicht. Wir schlichen uns hinein, um mit den traumatisierten Kindern zu sprechen. In der Erwartung, das Land würde den Vorfall vergessen, wenn nicht weiter darüber berichtet würde, schotteten die Behörden die Kleinen von allen Journalisten ab. Ich war gekommen, um die Geschichte weiterzuerzählen, und hoffte, das Ministerium zu gründlichen Ermittlungen zwingen zu können, indem ich dafür sorgte, dass die Sache in den Köpfen der Leserinnen und Leser präsent blieb.

Für mich waren Kinder schon immer wie Wildblumen. Selbst nach einem langen Spaziergang durch große Wiesen blühen die gepflückten Blumen auf, sobald man sie ins Wasser stellt, vergessen, dass sie abgerissen wurden – und das, obwohl sie so vergänglich sind, dass man nicht einmal ihre Namen kennt. Auch Kinder sind immer rührend dankbar und mit Leichtigkeit in Freude zu versetzen – dachte ich jedenfalls. Deshalb stellte ich an jenem Abend im Waisenhaus meine eigentliche Aufgabe hintan und nahm mir vor, den Kindern, gewissermaßen als kleine Entschuldigung im Namen aller Erwachsenen, Mitgefühl entgegenzubringen. Ich wollte ihnen unbedingt zeigen, dass nicht jede Berührung wehtut.

Doch nachdem ich ihnen gerade mal zehn Minuten mit dieser naiven Einstellung begegnet war, kletterten sie an mir hoch, zogen mich an den Haaren, zerkratzten meine Arme und begrapschten mich überall mit ihren Händchen. Unerträglich waren aber nicht die absichtslos zugefügten Schmerzen; wirklich weh tat mir die Einsicht in meine Beschränktheit angesichts des unstillbaren Dursts dieser Kinder. Ich hatte das Gefühl, dass sie ein Stück aus mir herausreißen wollten – ein Stück Fleisch als Andenken, das sie für sich behalten und an dem sie nachts, wenn die Einsamkeit kommt, lutschen könnten. Die Betreuerin stand so reglos daneben, als wollte sie uns den Ernst der Lage klarmachen, uns einen kleinen Einblick in einen Wahnsinn geben, der sogar einen beherzten und liebevollen Menschen wie mich abschrecken kann. Es ist nicht leicht, die Lieblosen zu lieben, wollte sie mir wohl sagen, ohne es auszusprechen.

Als wir hinterher draußen rauchten, erlebte ich Yurttaş, der schon grauenhafte Jobs an gottverlassenen Orten mit mir zusammen erledigt hatte, zum ersten Mal fix und fertig. Wir waren wie zwei Astronomen, die endlich einen Blick in ein Schwarzes Loch hatten werfen können und alles darin schrecklich fanden. Die Betreuerin fühlte sich offenbar verantwortlich für unsere Verzweiflung und gesellte sich auf eine Zigarette zu uns. »Sie wissen nicht, was Liebe ist«, sagte sie. »Woher auch? Ihr beide habt keine Schuld.« Sie warf ihre halb gerauchte Kippe auf den Boden und ging zurück ins weiße Neonlicht. Während das schwärzeste Loch im menschlichen Universum sie verschluckte, zischte Yurttaş wüste Flüche zwischen den Zähnen hervor, und ich überlegte bereits, ob ich die grapschenden Hände der Kinder nicht besser aus der Geschichte herauslassen sollte.

Seit Beginn der dokumentarisch erfassten Zeit versuchen uns Geschichtenerzähler davon zu überzeugen, dass Menschen wie Wildblumen sind; dass eine Geste des Mitgefühls ihre angeborene Liebesfähigkeit wiederaufleben lassen kann, selbst wenn sie im tiefsten Winkel ihrer Erinnerung vergraben ist. Geschichten, ob heilig oder nicht, erzählen uns, dass die Sprache der Menschlichkeit, wenn wir sie sprechen, irgendwann auch in den schlimmsten Exemplaren unserer Spezies Anklang findet und an das erinnert, was unser Sein im Kern ausmacht: das Bedürfnis und den Drang zu lieben. Wenn diese Hoffnung verloren geht, erzählen sie, dann nur vorübergehend – ein flüchtiger Augenblick in unserer Moralgeschichte. Genau das sollen Geschichten ja tun: beweisen, dass Schönheit möglich ist, und zwar gerade dann, wenn man sie am wenigsten sieht.

Geschichtenerzähler sind die Leuchtturmwärter der Historie. Sie signalisieren, dass die Angehörigen der Menschheit und deren individuelle Menschlichkeit nicht verloren sind, solange sie sich an das Rettungsfloß der Liebe klammern. Doch sie erzählen nur selten, wie viel Liebe genug ist und ob wir genug Liebe in uns haben, um einander retten zu können.

Deshalb bleiben den *realen* Menschen in der *realen* Welt einige Fragen: Wenn wieder einmal das Gefühl aufkommt, die »Dunkle Materie« im Menschen hätte über unsere Entschlossenheit zu gegenseitiger Liebe gesiegt, wie viel Liebe brauchen wir dann, um unseren Glauben an die Liebe zu erneuern? Sind wir auch dann noch fähig, den Menschen zu lieben, wenn er sich verhält, als hätte er Liebe nie kennengelernt? Können wir die Liebe in ihrer ganzen Wirklichkeit neu definieren, wenn alles daran unecht, abgedroschen und billig wirkt?

Wenn ich hin und wieder eine Auszeit von der Gegenwart brauche und ins frühe 20. Jahrhundert zurückgehen möchte, schaue ich im alten Postamt in der Zagreber Martićeva-Straße vorbei. Dort ist in einer Art Dauerausstellung der schlechte Witz des Lebens zu besichtigen, und der geht so: Die, denen am wenigsten Zeit bleibt, können sich am wenigsten beeilen. Dank der zeitlupenartig langsamen alten Leute – der einzigen Menschen, die noch zur Post gehen – dehnen sich in der Martićeva-Straße die Minuten, und man hat Muße, Fragen zu stellen.

Meine Lieblingsecke im Postamt ist der kleine Kiosk mit seinem Angebot an Briefpapier, Souvenirs und Gebetsketten. Er wird von einer älteren Dame geführt, die pausenlos neu angelieferte Ware auspackt: von normalen Leuten für normale

Leute veröffentlichte Bücher. Das unspektakuläre, anspruchslose Sortiment wird in drei Abteilungen eingeordnet: religiöse Werke (vorwiegend Gebetsbücher), Kochbücher (vorwiegend traditionelle Rezepte) und Liebesromane (vorwiegend von Barbara-Cartland-Epigoninnen verfasste Schmöker). Die Cover sind alle ganz wunderbar: von irgendwelchen Websites geklaute verschwommene Bilder und schnörkelige Titel in sämtlichen Rosa-Nuancen. Für einen Menschen wie mich, der für Bücher und mit Büchern lebt, ist dieser Kiosk eine Art Rosettastein. Er hilft mir, Leute zu verstehen, die lesen, um sich zu entspannen.

Bei einem dieser Aufenthalte stehe ich in meiner Lieblingsecke und versuche die Gesamtwirkung der Romane zu würdigen, wobei ich offenbar ziemlich unsicher wirke, denn nach einer Weile fragt mich die Kioskdame auf Kroatisch, ob sie helfen könne. Ich deute auf die einzelnen Abteilungen und sage auf Englisch: »Eat … Pray … Love.«

Weil sie das offenbar nicht versteht, übersetze ich es für sie: »Julia Roberts!«

Sie versucht hinter ihrem zaghaften Lächeln zu entscheiden, ob sie auf diese »elitäre« Tante eingeschnappt oder abweisend höflich reagieren soll. Als am Schalter meine Nummer aufgerufen wird, gehe ich langsam los und frage mich, warum es mir so schwerfällt, über Liebe zu reden oder zu schreiben, obwohl das doch ganz leicht ist – nicht komplizierter, als einen kroatischen Kuchen zu backen und dabei drei Ave-Maria aufzusagen.

»Lieben« ist ein derart schwammiges Verb, dass sein Objekt so gut wie alles sein kann, von Schuhen bis hin zu Gott. Man kann es im feierlichsten Tonfall aussprechen, aber auch albern kichernd damit um sich werfen. Für eine Geschichtenerzählerin fühlt sich das Thema in etwa so an, als würde man sich einen gebrauchten Kaugummi in den Mund stecken.

Über die Liebe lässt sich auch deshalb so leicht sprechen, weil es kaum mehr etwas anderes zu diskutieren gibt – zumindest nichts, was ähnliches Wohlbehagen bereitet. Seit Politik, Wissenschaft und alle anderen mit der Conditio humana verbundenen Themen zu Minenfeldern der Polarisation geworden sind, bietet das Wort »Liebe« scheinbar den einzig verbliebenen Safe Space, in dem noch Kommunikation ohne Feindseligkeit möglich ist. In unserer so schrecklich gespaltenen und ungerechten Welt dient das Thema Liebe als eine Art Sandkasten, in dem jeder unbekümmert sprechen und spielen kann. Wir haben uns im Lauf der Zeit so sehr daran gewöhnt, auf diesen Sandkasten beschränkt und von ihm abhängig zu sein, dass sogar die monumentalsten dystopischen Erzählungen durch die immer gleiche Devise scheinbar ein gutes Ende finden können: Die Liebe wird uns retten. Die Liebe ist gewissermaßen das Allheilmittel der Gegenwart. Oder zumindest ein ozeanüberspannendes Pflaster von der Länge des Äquators.

Die Verlogenheit dieser Liebesfülle ist so normal geworden, dass die Mächtigen ganz erstaunt reagieren, wenn Menschen ihre Würde oder gleiche Rechte einfordern: »Aber wir lieben euch doch!« Und wenn die heuchlerische Liebesperformance der Mächtigen zurückgewiesen wird, lässt sich in unserer zutiefst ungerechten Welt jede Forderung nach gleichen Rechten, nach Gerechtigkeit oder Würde sehr bequem als mangelnde Liebesfähigkeit abtun.

Denken Sie an den Kniefall amerikanischer Polizisten vor *Black Lives Matter*-Demonstranten. Die Reaktion der Bewegung – »Wir wollen nicht eure Liebe, wir wollen Gerechtigkeit« – war logisch und legitim, wurde aber von denen, für die Liebe die Antwort auf alle Fragen ist, als »schwarze Wut« interpretiert. Nur wenige Stunden später zogen dieselben Polizisten denselben Demonstranten ihre Schlagstöcke über den Schädel.

Tragischerweise sind unsere Kommunikationskanäle so sehr auf die »Liebt mich – liebt mich nicht«-Dualität geeicht, dass sogar diejenigen, denen der traurige Zustand der Liebe bewusst ist, gelegentlich ein Foto »liken«, um ihre Empörung zum Ausdruck zu bringen, wenn schon wieder ein schwarzer Demonstrant für die Forderung nach Gerechtigkeit Prügel einstecken musste.

Dank gründlicher psychiatrischer Forschung weiß man, dass die wahren Langzeitschäden des Vietnamkriegs nicht im Dschungel entstanden, sondern als die jungen Soldaten nach Hause kamen und sich keiner einen Dreck um sie scherte. Sie kamen psychisch nicht damit klar, dass es unterschiedliche Realitäten gibt, zwischen denen man mit einer Flexibilität, die nicht jeder besitzt, hin und her wechseln muss. In Bezug auf die Liebe im 21. Jahrhundert sind wir gewissermaßen wie Soldaten, die permanent einen brutalen Krieg erleben oder mitansehen, gleichzeitig aber in der anderen, der Bussi-Bussi-Realität, nett und angepasst sein sollen.

Damit meine ich nicht nur jene Polizisten, die kniend eine Ungerechtigkeit anerkannten, um wenig später an deren Beibehaltung mitzuwirken. Nein, dieser wahnwitzige verlängerte Vietnamkrieg ist noch viel heimtückischer. Oder mussten Sie sich noch nie bei einer Büroparty zu Ihren Ehren ein ehrliches Lächeln abringen, obwohl Sie wussten, dass wohl keiner von denen, die »Hoch soll sie leben« sangen, einen Mucks von sich gäbe, wenn Sie am nächsten Tag gefeuert würden? Und auch in der Stellenanzeige mit dem Spruch »Werden Sie Teil unserer Familie!«, gefolgt von den anderen üblichen betulichen Floskeln – in letzter Zeit sogar von ein paar süßen Emojis –, steckt nichts von der Liebe, die sie suggeriert.

So ist das in einem System mit viel oberflächlicher Liebe, die aber, und das wissen wir alle, kaum je echt ist. Das Problem ist nicht mangelnde Liebe, sondern jene andere Realität, die nette, konformistische Realität, in der wir so tun, als gäbe es Liebe in Hülle und Fülle. Deshalb ähnelt die Welt trotz der scheinbar überreichlich vorhandenen Liebe noch immer einem Waisenhaus, dessen lieblose Bewohner einem ein Stück vom Fleisch herausreißen wollen. Auf den Bildschirmen betteln Millionen Gesichter rund um die Uhr »Liebe mich!« – ein gigantischer Bedarf, vor dem der Einzelne in seiner Begrenztheit nur das Handtuch werfen kann.

Die Frage lautet also, wie ich als Mensch, der zufällig zu diesem Zeitpunkt in der Geschichte geboren wurde, mitten in diesem verlängerten Vietnamkrieg lieben und über die Liebe sprechen kann. Kann man sich noch Menschen als Freunde vorstellen, wenn schon der Umstand, dass man Hunderte von Facebook-Freunden hat, als Freundschaft durchgeht? Wenn »Freundschaft« das Deckwort für Networking ist, für die banale Gegenseitigkeit unseres businessorientierten Lebens, wo bleibt dann das Ideal der Liebe? Und warum sich weiterhin für unberechenbare Menschen entscheiden, wenn die Smart-Geräte, unsere ständig präsenten Gefährten, die Gesten eines fürsorglichen Freunds imitieren können?

Die wichtigste Frage in diesem Zusammenhang ist aber, ob wir auch dann noch Freunde sein und unsere Freunde lieben können, wenn sie uns aus allen möglichen Gründen schlicht nicht liebenswert erscheinen. Etwa wenn sie sich für faschistische Anführer begeistern, ohne dazu gezwungen zu werden, wenn sie ein Wirtschaftssystem verherrlichen, das den Planeten und sie selbst zerstört, oder wenn sie, ganz ohne Befehl, Kindern von Flüchtenden voller Stolz Fußtritte verpassen. Die Massen gleichen heute den hohläugigen Männern, die im Film *The Deer Hunter* am Russisch-Roulette-Tisch sitzen und ihre Seele in ihrem Vietnam suchen – genau dort, wo sie ihnen abhandenkam. Viele von uns haben gerufen »Tut's nicht!«, doch vergebens. Und manchmal kommt es noch schlimmer: Dann nehmen unsere hohläugigen Freunde die Pistole von der eigenen Schläfe, beugen sich über den Tisch und setzen sie uns an die Stirn, weil wir es wagten, von der Liebe als der wahren Heimat zu sprechen, während das blutdürstige Publikum mit den Händen Herzchen formt.

Liebe, die man auf ein so banales Niveau herabsenkt, wird zum unfreiwilligen Komplizen des Bösen. Und wenn die derart deformierte Liebe ihren Zweck in so unruhigen Zeiten nicht länger erfüllt, brauchen wir etwas Neues, das uns verbindet. Die Verflochtenheit der Probleme, denen sich unser Planet gegenübersieht, verlangt nach der Vision einer umfassenderen Verbundenheit seiner Bewohner. Doch wie können wir freundschaftliche Liebe ins öffentliche Leben bringen, ohne die Mitmenschen sentimental zu betrachten und letztlich von ihnen enttäuscht zu werden?

»Vielleicht sollten wir unsere Beziehungen mal auf respektvolle Freundschaften beschränken«, sagte der junge Mann mit dem herrlich abgezockten Nahost-Grinsen. In dem Tagungsraum in Diyarbakır, einer mehrheitlich kurdischen Stadt in der südöstlichen Türkei, erscholl zustimmendes Gejohle.

»Ein ausgezeichneter Vorschlag«, erwiderte ich von der Bühne herunter. »Aber würden wir beide uns füreinander entscheiden? Würden Sie mich aussuchen? Mich, die Türkin, die Sie schon so lange unterdrückt und ausgebeutet? Also, ich würde mich bestimmt für Sie entscheiden.« Trotz des düsteren Themas hellte sich die Stimmung im Raum schlagartig auf. Unsere Beziehung war nun keine belastende Pflicht mehr, sondern eine Frage der Wahl, eine Sache des freien Willens. Auf einmal klang das, was wir sagten, ganz frisch – was selten vorkommt, wenn Worte die Bürde einer langen und blutigen Geschichte tragen.

Wir waren wie Astronomen, die man daran erinnert hatte, dass der Weltraum größer ist als seine Schwarzen Löcher.

Meine türkische Muttersprache lässt im Gegensatz zum steiferen Englisch nicht nur gemischte Metaphern – also Bildbrüche – zu, sondern hat einen weiteren, für Geschichtenerzähler und Dichter wundervollen Vorteil: Es gibt darin weder eine weibliche noch eine männliche Form.

Die Vorstellung von »Brüderlichkeit« existiert in meiner Sprache nicht. Stattdessen kennt sie ein geschlechtsloses, aber definitiv poetischeres Wort, das man mit »Geschwisterlichkeit« übersetzen könnte (*kardeşlik*). Es lässt sich auf die Wurzel »den Mutterschoß teilen« zurückführen, ist jedoch nicht auf blutsverwandtschaftliche Beziehungen beschränkt. Wie hinter jedem anderen Wort in jeder anderen Sprache steht für den Muttersprachler auch hinter *kardeşlik* eine vielschichtige Historie. In einem Land mit etlichen ethnischen Minderheiten, einander feindlich gesinnten politischen Communitys und einer langen Reihe von Fehden wird es oft verwendet, um ungelöste Konflikte der politischen Geschichte zu verbergen und mittels aufgesetzter Gefühlsduselei die Einheit zu wahren. Das Bild von den »Geschwistern«, die wir in diesem Land angeblich alle sind, wird von der herrschenden politischen Macht häufig mit einem repressiven Subtext heraufbeschworen und dient als Hundepfeife, mit der die Leute dazu gebracht werden sollen, sich dem allgemeinen Familienkodex zu unterwerfen, dem zufolge die Geheimnisse der Vergangenheit nicht hinterfragt werden dürfen.

Der junge Mann in Diyarbakır schlug mit seiner Anregung daher einen revolutionären Ausweg aus der politischen Falle vor, in der mein Land seit Jahrzehnten sitzt. Der Hinweis auf Freundschaft statt *kardeşlik* klang in dem Tagungsraum damals, 2010, für viele wie Phantasterei. Heute aber, da die aggressive Polarisierung in mehreren Ländern neue Russisch-Roulette-Tische geschaffen hat, ist es vielleicht an der Zeit, sich das Prinzip Freundschaft als Ausstieg aus unserem verlängerten Vietnamkrieg genauer anzusehen.

Die Frage, wie wir uns als Angehörige der Menschheit gegenseitig lieben sollen, beschäftigt die Philosophen und politischen Denker, seit Aristoteles über Freundschaft zu sprechen begann. Spinoza nahm den Ball im 17. Jahrhundert auf und schoss ein legendäres Tor für die säkular verstandene Freundschaft. Im 20. Jahrhundert folgten ihnen zunächst Hannah Arendt und später der coole französische Philosoph Jacques Derrida. Viele Denkerinnen und Denker haben sich über folgende Fragen den Kopf zerbrochen (und tun es noch immer): Können wir uns Menschen als Freunde vorstellen, damit eine bessere Welt und menschenfreundlichere Bindungen innerhalb unserer Spezies entstehen? Und falls diese Frage mit Ja beantwortet wird, wie könnte eine solche Freundschaft beschaffen sein?

Es muss wohl kaum eigens betont werden, dass Brüderlichkeit unweigerlich mit Hierarchien einhergeht, dass der Begriff »Mitbürgertum« nicht mehr so überzeugt wie vor den Achtzigerjahren, als die Idee des Sozialstaats noch lebendig und die Globalisierung noch nicht so augenfällig wie heute war, dass »Kameradschaft« in Anbetracht des grassierenden Sarkasmus ironisch altbacken klingt und dass sich auf Identität basierende Bindungen innerhalb von Communitys nach Erfüllung ihrer politischen Pflicht aufgelöst haben, weil sie unser politisches und moralisches Leben beschränkten. Keine dieser imaginierten Bindungen verhilft zu der umfassenden Solidarität, die wir heute brauchen.

Beziehungen, in denen wir menschlich bleiben können, sind offenbar nur möglich über die Freundschaft mit ihrem Beiklang von Würde, der fein tarierten Balance zwischen Distanziertheit und Intimität – und ihrer wesenhaften Fähigkeit, beides in sich zu schließen. Der Gedanke, dass, wie 2010 in Diyarbakır geschehen, allein die Erwähnung dieses Wortes als einer politischen Möglichkeit einem der verhärtetsten Konflikte der Welt eine neue Wendung geben kann, weckt in mir die Hoffnung, dass es auch in größerem Rahmen Freude am gemeinsamen Nachdenken hervorrufen wird.

Die Frage lässt sich leicht auf andere Konflikte übertragen. Würde sich ein Afroamerikaner einen weißen Polizisten als Freund aussuchen? Würden sich Algerier für die Franzosen entscheiden? Ältere Einwanderer aus ehemals britischen Gebieten in der Karibik für die Briten? Sie würden sich wundern, wie wohltuend frisch die Gesprächsatmosphäre nach dieser Frage wird. Denn alle wissen, dass Freundschaft die höchste und vornehmste Form von Gerechtigkeit ist.

Überlassen wir die praktische und im Bereich der Realpolitik angesiedelte Frage, wie Freundschaft im öffentlichen Leben in unterschiedlichen Zusammenhängen ausgeübt werden könnte, einem großen gemeinsamen Gespräch, an dem ich sehr gern teilnehmen würde. Eines aber sollte klar sein: Eine solche groß angelegte Freundschaft bestünde im Kern nicht aus sentimentaler Liebe, sondern aus einer moralischen Haltung; aus dem Versprechen, eine bestimmte Perspektive auf das Leben und den Menschen einnehmen zu wollen.

Am 22. Juli 2019 sammelte ich mit meiner Mutter an einem Strand auf Lesbos Steine. Wir feierten dort wieder meinen Geburtstag – eine neue Tradition, die entstanden war, nachdem ich mein Land hatte verlassen müssen.

Mein Geburtstagsgeschenk 2019 waren zwei Handvoll herzförmiger Steine. Sie liegen noch immer in meiner Wohnung in Zagreb. Ich habe sie behalten, weil sie mich an das Gespräch erinnern, das ich damals mit meiner Mutter führte. Allerdings sind einige der Steine gar nicht herzförmig.

»Wie geht man gedanklich vor, wenn man an einem Strand Steine sammelt? Welche Maßstäbe legt man an? Und warum ändert man sie nach einiger Zeit?«, fragte ich sie, weil mir aufgefallen war, dass wir nach und nach ganz unterschiedliche Steine aufhoben. Meine Mutter ist Malerin und legt großen Wert auf die Logik und die Bedeutung von Formen. Doch in der Wahl ihrer Steine konnte ich keine klare Logik erkennen. »Zu Beginn entscheidet man sich doch für eine einzige Sorte Steine«, erklärte ich. »Aber nach einiger Zeit stechen einem auch andere ins Auge, die man für wert befindet, aufgehoben zu werden. Wie kommt es, dass wir unseren anfänglichen Maßstab verändern?«

»Wahrscheinlich sieht man einfach ihre Schönheit, wenn man nur lange genug schaut«, antwortete sie.

Weil sie meine Mama ist, konnte ich etwas erwidern, was ich sonst nicht gesagt hätte: »Oder die Steine schauen irgendwann *uns* an, und dadurch bemerken wir sie.«

Wir lachten, und mein Vater ließ seinen klassischen Spruch ab: »Ihr spinnt, ihr zwei.«

Um das Herz des Steins sehen zu können oder um ein Herz im Stein zu entdecken, muss der Blick von liebevoller Aufmerksamkeit geprägt sein. Es darf kein urteilender Blick sein, der den Wert des Steins abwägt, und auch kein prüfender, der nur das an ihm sieht, was untauglich ist. Erst wenn ihm die allumfassende Aufmerksamkeit zuteilwird, die plötzlich eine bestimmte Vertrautheit mit ihm aufscheinen lässt, »schaut der Stein *uns* an«.

Mit der Freundschaft verhält es sich nicht viel anders. Anfangs ist da nur eine lockere Masche, entstanden durch einen wohlwollenden Blick, der es dem anderen ermöglicht, uns seinerseits anzuschauen. Alles Weitere in der Beziehung hängt davon ab, was man mit Hilfe der Sprache gemeinsam webt, um der Welt und einander Sinn zu verleihen. Und in Zeiten der totalen Sinnlosigkeit – ja, solche Phasen gibt es in der Geschichte – kann ein Gespräch zwischen Freunden nach wie vor aus dem Nichts Sinn erschaffen. Wenn eine Freundschaft ein solides Fundament hat, auf dem sie reifen kann, werden Freunde und Gespräche mit Freunden gleichsam zur Schwerkraft unseres Lebens. Freundschaft ist die größte Bestätigung des Individuums als Mensch. Sie ist die Bestätigung der Fähigkeit, das Schöne im Menschen zu sehen, und die letztgültige Anerkennung der Tatsache, dass auch man selbst ein Mensch ist.

Wer einen solchen wohlwollenden Blick auf die gesamte Menschheit wirft, kommt dem Ubuntu sehr nahe. Dieser philosophische Begriff der Bantu fand durch einige afrikanische Denker in der westlichen Welt Verbreitung, in jüngster Zeit durch den südafrikanischen Geistlichen und Theologen Desmond Tutu. Ubuntu besagt, dass Menschen keine für sich stehenden Wesen sind, sondern dass Mensch-Sein im Grunde Wir-Sein bedeutet. Diese Einstellung hat große Ähnlichkeit mit der freundschaftlichen Liebe, über die die westliche Philosophie seit Aristoteles nachdenkt, und mit der Form von Freundschaft, für die in diesem Kapitel plädiert wird.

Doch was ist nun mit meinen herzförmigen Steinen? Kann ein sprachloses Wesen Teil dieses Sinnfindungsprozesses sein? Kann es an dem freundschaftlichen Gespräch mitwirken, durch das jenes umfassende Wir-Sein entsteht? Wenn man den Gedanken weiterverfolgt, kommt man in der westlichen Welt bei Spinoza an, in der östlichen bei Mansūr al-Hallādsch, den man im 1. Jahrhundert n. Chr. im Iran der Ketzerei beschuldigte, weil er ähnliche Gedanken äußerte wie Spinoza. Die Art Liebe, die zum Einklang ermuntert, stieß und stößt noch heute weder bei den gewöhnlichen Menschen noch bei den Mächtigen auf Verständnis. Dennoch können und sollten wir sie uns einmal ein bisschen näher an der heutigen Wirklichkeit und unserem Alltagsleben vorstellen.

»Ich gebe auf.«

Vor allem in Ländern, in denen Ignoranz mobilisiert und organisiert wird, um daraus eine politische Identität zu machen, die sich für das »Böse der Banalität« einsetzt, sehe ich immer wieder Menschen, insbesondere junge Menschen, die sowohl in den sozialen Medien als auch persönlich einen moralischen und politischen Überdruss zum Ausdruck bringen. Leute, die einst der flehende Freund in unserem verlängerten Vietnamkrieg waren, erklären jetzt in diversen Sprachen ihr emotionales Burn-out angesichts der selbstbewussten Rücksichtslosigkeit des Banalen und Vulgären, die aus allen Richtungen auf sie einstürmt.

Meine Rolle als Geschichtenerzählerin ist es freilich, alle meine Zuhörerinnen und Zuhörer daran zu erinnern, dass Liebe einer bestimmten Form von Aufmerksamkeit bedarf und dass die vorschnelle Verzweiflung, aus der heraus man die Menschen aufgibt, überwunden werden kann. Die nie endende Aufgabe besteht darin, uns selbst immer wieder zu sagen, dass die Liebe zu anderen Menschen nicht per An- / Aus-Taste funktioniert und keiner impulsiven sentimentalen Regung entspringt. Menschen zu lieben ist Schwerstarbeit.

Der arme Spinoza trug bis zu seinem Tod tagein, tagaus dieselbe Jacke. Der Riss auf ihrer Rückseite stammte von einem Mordanschlag in Amsterdam, den Spinoza nur knapp überlebt hatte. Wahrscheinlich sollte ihn das Kleidungsstück in den Jahren des Exils daran erinnern, was passieren kann, wenn man Freundschaft mit allen Menschen sucht. Oder vielleicht wollte er anderen die Wunden zeigen, die ihm das Dunkle im Menschen zugefügt hatte. Und doch sind sein unerschütterlicher Glaube an das Wort »Freundschaft« und seine tiefsinnigen Ausführungen über die dahinterstehende Idee nach wie vor unerreicht; sie sagen uns, dass die Wunden, die ein solcher Glaube mit sich bringen kann, im Vergleich zu dem mächtigen Ideal der Freundschaft zwischen Menschen überhaupt nicht zählen.

Für Hannah Arendt wiederum musste eine so verstandene Freundschaft frei von jeder Sentimentalität sein, weil auch sie schrecklich enttäuscht worden war. 1933, im selben Jahr, in dem sie von der Gestapo verhaftet wurde, trat ihr Geliebter und Mentor Martin Heidegger in die NSDAP ein. Diese außergewöhnliche Frau musste fast dreißig Jahre lang in vollkommen entpersönlicher Form über Vergebung nachdenken, während sie, so ist anzunehmen, ihren ganz persönlichen Kummer zu überwinden versuchte.

Jahrtausende hindurch, schon lange vor Jesus, wurden diejenigen, die von Menschenliebe und der Möglichkeit menschheitsumfassender Freundschaft sprachen, von den politisch Mächtigen mit Unterstützung der jubelnden Massen getötet, gefoltert, exiliert und verdammt. Dieses hübsche Bild der Menschheitsgeschichte ist so entmutigend, dass einem hin und wieder der Gedanke kommt, all die Liebe und Vergebung predigenden heiligen Bücher seien nicht geschrieben worden, um etwas gegen die »Dunkle Materie« im Menschen auszurichten, sondern um denen, die das Wir-Sein erkannten, Geduld zu wünschen.

Trotzdem dauerte die Idee der Menschheitsliebe und ewigen Freundschaft fort – und mit ihr die Entschlossenheit derer, die ihre Stimme für diese Ideale erhoben. Das blutige Ende solcher historischen Figuren erregt unsere Aufmerksamkeit natürlich stärker als die Tatsache, dass sie die ganze Geschichte hindurch mit unerschütterlicher Beharrlichkeit kamen und gingen. Ihre Hartnäckigkeit erinnert eindrücklich daran, dass in einer Welt, die dem Einzelnen große Entschlossenheit abverlangt, wenn er die Menschheit allen Widrigkeiten zum Trotz weiterhin lieben will, Rückhalt nur in der Freundschaft zu finden ist. Nur auf diesem Boden kann der Grund zu lieben bestärkt und neu erfunden werden. Allein in der Freundschaft verliert man die zögerliche Haltung zur Liebe und besinnt sich auf die eigene Menschlichkeit. Einzig in dem moralischen und politischen Akt, sich Fremden liebevoll aufmerksam zuzuwenden, entsteht die menschliche Bindung, für die seit Mansūr al-Hallādsch so viele Menschen gestorben sind. Nur wer die Historie dieses Zweigs der Geistesgeschichte kennt, sieht die große Bedeutung der Sache und macht sich bewusst, dass er um unserer verstorbenen Freunde willen etwas mehr Entschlossenheit an den Tag legen sollte.

Davon abgesehen ist das Enttäuschtsein über die Menschheit eine wirklich banale Reaktion, ein Liebeskummer, der keinerlei Anstrengung abverlangt. Die Liebe zu anderen Menschen ist kein Club der gebrochenen Herzen, sondern eine philosophische und politische Verantwortung, die mit der ganzen Kraft des Verstands getragen werden muss und die intellektuellen und emotionalen Fähigkeiten gelegentlich an ihre Grenzen treibt. Liebe, die man anderen Menschen entgegenbringt, ist fortwährendes politisches Handeln und eine moralische Grundhaltung – also nichts für Feiglinge. Sie ist die höchst ernst gemeinte Aufforderung, der blutigen Menschheitsgeschichte die Stirn zu bieten. Ein Akt des Widerstands, wenn man so will. Und ausgeführt wird er wie folgt.

Als professionelle Autorin, was immer das sein mag, redet man mehr, als man schreibt. Heutzutage müssen Menschen meines Metiers in der Ausübung ihres Berufs sehr flexibel sein: Während in der östlichen Hemisphäre großer Ernst und eine gewisse Feierlichkeit gefragt sind, zeigt man sich im Westen besser locker und schlagfertig. Entsprechend gut vorbereitet ging ich im Sommer 2014 zu einer meiner üblichen Veranstaltungen, diesmal in Brüssel und moderiert von einer Frau namens Annelies Beck.

»Sie ist eine bekannte Fernsehjournalistin und Autorin und macht das Podiumsinterview mit dir«, hatte man mir gesagt. Also hielt ich mich zu Beginn des Auftritts akribisch an das übliche westliche Protokoll und gab die Nette. Lieferte passend dosierte selbstironische Witze als Zeichen meiner Bescheidenheit und streute hier und da ein Kompliment ein, ohne zu überschwänglich zu werden. Im Prinzip höfische Sitten, angepasst an die gebildete Mittelschicht des 21. Jahrhunderts. Die einzige Motivation, die mich an solchen Abenden bei der Stange hält, ist die Aussicht, bald wieder in meinem Hotelzimmer zu sein, mir einen alten Film anzusehen und dann schlafen zu gehen.

Deshalb war ich wie so oft auf Autopilot, als mich Annelies fragte: »Und Ihre Mutter? Sie wird in dem Buch zwar nicht erwähnt, aber ich glaube, Ihr Roman *Was nützt mir die Re-*

volution, wenn ich nicht tanzen kann? ist ein Buch über Ihre Mutter.«

Ich schluckte so schwer, dass es über das Mikrophon und die beiden Lautsprecher rechts und links auf dem Podium alle hören konnten. Nie hätte ich es für möglich gehalten, dass mitten in unserem verlängerten Vietnamkrieg jemand meinen Worten so zarte Aufmerksamkeit schenken würde. Wenn ich diese sehr intime Frage beantworte, erfahren auch alle diese Fremden meine Antwort. Andererseits: Mit welcher Leichtigkeit geht sie auf den Kern meiner Geschichte zu! Ist die Neugier, die mit einem so ehrlichen Lächeln daherkommt, wirklich nur reine Neugier? Soll ich wie immer ausweichend reagieren? Ist auch das so ein Stein, den ich nach Hause mitnehme, um dann festzustellen, dass er nicht herzförmig ist?

Ich reagierte mit einem langen gekünstelten Lächeln. Sie erwiderte mein Lächeln, und plötzlich lachten wir schallend los. Für das Publikum war die Situation grotesk; andererseits riskierten hier zwei Frauen des Dazwischen – Journalistin/Autorin, professionell/nicht wirklich, sich verstellend/sich nicht verstellend, reserviert/nicht wirklich – die Bewunderung des Publikums, um im tiefsten Inneren Verbindung zu einer völlig Fremden aufzunehmen, ohne zu wissen, ob diese Verbindung halten würde.

In dieser dunklen Ecke des Menschlichen, in der wir spontan zusammengetroffen waren, prallten wir nun aus freien Stücken aufeinander. Seit jenem Abend sind Annelies und ich miteinander befreundet: Sie hatte den herzförmigen Stein in mir gesehen, und ich bin der Stein, der einen Augenblick lang klug genug war, *sie* »anzuschauen«. Was einzig und allein der Tatsache zu verdanken war, dass sie sich Zeit genommen und mich gelesen hatte; nicht meine Bücher, nein, mich. So haben wir zwei Frauen uns zu einer Widerstandslinie gegen die »Dunkle Materie« im Menschen formiert.

Zurück ins Postamt in der Martićeva-Straße in Zagreb, wo wir uns etwas ansehen wollen, dem wir vorhin nicht genug Aufmerksamkeit geschenkt haben.

Ja, Fremden freundschaftlich zu begegnen – dieser wahrhaftige Widerstand gegen das Dunkle im Menschen – erfordert Zeit und Mühe. Die Frage ist nur, ob wir riskieren dürfen, genauso langsam voranzukommen wie die alten Leute im Postamt. Haben wir so viel Zeit?

Meine Antwort lautet Ja, denn Freundschaft ist der einzige Ort, an dem man den Sinn des Lebens in seiner eigenen Geschwindigkeit und anhand des Stammvokabulars der Menschheit verstehen kann. Freundschaft ist der einzige Raum, in dem unsere Würde und unsere Liebesfähigkeit wiederhergestellt werden können. Das Risiko, genauso langweilig wie die Alten in der Martićeva-Straße zu wirken und genauso naiv wie die Menschen, die diesen Widerstand vor uns geleistet haben, müssen wir eingehen. Das ist der Preis, den zahlen muss, wer das Herz des Steins sehen will. Letztlich aber kostet es weniger, als weiterhin Liebesromane von Barbara-Cartland-Epigoninnen zu kaufen.

10

MITEINANDER

»Seit ich Bücher lese, bin ich unglücklich. Warum soll ich lesen, wenn es mich unglücklich macht?«

Diese banausenhaft klingende Frage stellte mir vor einigen Jahren eine junge Frau im Teenageralter. Als ihre Freundinnen besserwisserisch kicherten, fügte sie zögerlich und mit brüchiger Stimme hinzu: »Wörter machen das Leben …« Sie kam vor lauter Verlegenheit nicht auf das richtige Wort.

»Schwierig, kompliziert, düster, einsam?«, fragte ich und ließ den Blick über das Publikum wandern, um sie anzusehen, bevor sie wieder tief in ihren Sitz rutschte. Dann versuchte ich das Wort zu erraten. »Gefährlich, würde ich sagen.«

Wörter machen das Leben gefährlich. Sind sie einmal in der Welt und können gelesen oder gehört werden, stellen sie etwas mit den Menschen an und bringen sie dazu, bestimmte Dinge zu tun. Kein Wort ist zu unbedeutend, sobald seine Existenz durch Buchstaben oder Laute bezeugt ist. Wer mit Wörtern arbeitet, muss so vorsichtig sein wie ein Chemiker, der mit Uran hantiert, oder wie ein Biologe beim Umgang mit dem Ebola-Virus. Die Gefährlichkeit der Wörter fordert dem Schriftsteller größtes Verantwortungsbewusstsein ab, vor allem wenn er Wörter mit einer blutigen Geschichte verwendet. »Revolution« beispielsweise.

In letzter Zeit höre ich viele »Wir brauchen eine Revolution« sagen. Oder: »Wir brauchen einen Systemwechsel.« Die Nonchalance, mit der solche Begriffe geäußert werden, macht mich jedes Mal baff.

Wissen diese Leute nicht, was diese Wörter bedeuten?

Ich habe nichts gegen diese Wörter an sich, aber die Schrecken, die das Wort »Revolution« heraufbeschwört, das Chaos, das man mit dem Wort »Systemwechsel« assoziiert – man muss bereit sein, sich auch das schwer erträgliche Vokabular anzusehen, das diesen Wörtern folgt, wenn sie die Bühne betreten. Denn es existieren nahezu keine Wörter, die den unglaublichen Schmerz und die Verluste wiedergutmachen können, die sie mit sich bringen. Wörter, mit denen falsch umgegangen wird, können Leben zerstören. Nur in den seltensten Fällen machen sie Menschen glücklicher als zuvor.

Ich habe schon zu viele junge Leute gesehen, die auf dem Altar der großen Wörter geopfert wurden. Brillante Studenten, die das Schuhebinden neu lernen mussten, weil ihr Hungerstreik zu lange gedauert hatte und sie am Wernicke-Korsakow-Syndrom erkrankt waren, Teenagermädchen, deren Gesichter in den Flammen von Gefängnisrevolten schmolzen, eine kurdische Dichterin, so alt wie ich, die mit achtzehn wegen eines Bankraubs ins Gefängnis gesteckt wurde und nie wieder freikam, obwohl sie in den seitdem vergangenen Jahrzehnten nur Liebesgedichte geschrieben hat, junge Männer, die sich verbrennen wollten, um als Fackel die Massen wachzurütteln, und halb verbrannt weiterlebten – die Liste lässt sich fortsetzen. Während sich die anderen nur um ihre eigenen Angelegenheiten scherten, hörten oder lasen diese jungen Leute die großen Wörter und wurden in die Rebellion getrieben. Ich wollte für die Entscheidungen, die ich in diesem Buch vorschlage, friedlichere Wörter verwenden – scheinbar kleinere und ungefährlichere –, Wörter, die einkalkulieren, wie unbekümmert die Welt ist, in die sie hineingesprochen werden.

Ich bin mir allerdings nicht sicher, ob es überhaupt noch ungefährliche Wörter gibt. Schließlich sind wir im *Jetzt* gelandet.

Jetzt ist die Zeit, die diese großen Wörter verlangt, und es ist inzwischen egal, ob wir den Mut aufbringen, sie auszusprechen, oder ob er uns fehlt. Der »Systemwechsel« hat längst begonnen. Die Massen, von denen man lange dachte, sie wären gleichgültig gegenüber Politik und öffentlichem Geschehen, widerrufen weltweit ihre vermeintliche Zustimmung zum System, sei es mit einem gewaltigen Aufschrei oder durch stillen Ungehorsam. Da die Zustimmung fehlt, braucht das System starke Männer, um sich zu schützen, die Mitte zu halten und mit Hilfe ihrer uneingeschränkten Macht an der Herrschaft zu bleiben. Die Folge dieser neuen Dynamik ist der moralische und politische Wahnsinn, in den wir von den Top-Etagen der Politik getrieben werden.

Diese Dynamik ist kein abstraktes Politikum mehr, sondern betrifft uns unmittelbar, und sie ist gefährlich. Jeder kennt einen Kollegen, der einen Diktator fast religiös verehrt und jeden Kritiker für einen Volksfeind hält, einen Nachbarn, der glaubt, der Westen dürfe nicht kontaminiert werden, einen Mitreisenden, der keine Maske trägt, weil er Covid-19 für einen Fake hält, einen fanatischen Abtreibungsgegner, der schwer bewaffnet am Eingang der Klinik wartet … Zusammengetrommelt und mobilisiert werden diese Leute von den starken Männern, die das politische und moralische Terrain mit ihren eigenen widerlichen, aber wirkmächtigen Wörtern erschüttern und dauerhaft destabilisiert haben. Nicht zufällig vermitteln alle heutigen Diktatoren die gleiche Botschaft: »Wenn ich untergehe, ziehe ich euch mit in den Abgrund.« Ein kollabierendes System droht uns mit sich zu reißen mitsamt unserem Glauben an alles, was die Menschheit zusammengefügt hat – alle moralischen, politischen, wissenschaftlichen Konsense.

So trieb die neue Form von Faschismus einen Spalt in die Normalität, die bereits Verschleißerscheinungen aufwies, und diesen Spalt wird sie verbreitern. Die Richtung, in die er sich ausdehnen wird, erkennen wir heute an den Wörtern, die wir verwenden und nach denen wir handeln. Denn trotz des Schauspiels, das die starken Männer, die Entführer unserer Demokratien, bieten, hat in Wahrheit gerade niemand alles unter Kontrolle.

Das Rechtsstaatsprinzip verschwindet – von Land zu Land unterschiedlich schnell –, und die grundlegenden moralischen Konsense werden zu Fragen der persönlichen Entscheidung. Hier beginnt ein dunkleres Reich, in dem Menschen Menschen fressen. Dass ich weiß, wie es sich anfühlt, am Rand eines solchen sich öffnenden Spalts zu sein und von einer politischen Zentrifuge pausenlos eingesogen und wieder ausgespuckt zu werden, verdanke ich meinem Land, das diesen Weg schon vor Jahren eingeschlagen hat. Doch erst wenn wir von diesem unaufhörlichen Wahnsinn und von der Angst vor seinen Auswirkungen auf unser Dasein voll und ganz befallen sind, kommen wir nicht mehr darum herum, unsere Vorstellungen vom Leben und davon, was es bedeutet, Mensch zu sein, zu überdenken. Dieses Buch mit seinen zehn Entscheidungsmöglichkeiten ist meine Antwort auf dieses Erfordernis.

Vom Faschismus der neuen Art geohrfeigt, hin und her gezerrt und gelähmt, landen viele in jener Einsamkeit, in der die tückische Frage auftaucht: »Ist der Mensch von Natur aus böse? Verdienen wir es überhaupt, zu leben?« Weitermachen und menschlich bleiben können wir aber nur, indem wir unseren Glauben an die Menschheit wiederherstellen.

In diesem Prozess wird uns klar werden, dass die ständige Bekundung von Wut an der politischen Realität rein gar nichts ändert, sondern uns eher zum idealen Publikum des Faschismus macht – erschöpft vor Empörung, ohne etwas erreicht zu haben. Um den Mechanismus hinter dem Schauspiel erkennen und umkehren zu können, bedarf es ständiger Aufmerksamkeit.

Wenn wir uns von organisierter und mobilisierter Ignoranz umgeben fühlen und keine Hoffnung mehr sehen, wird unsere Stimmung nicht durch einlullende Geschichten besser, die von Hoffnung erzählen, sondern allein durch Entschlossenheit.

Weil sich immer mehr Menschen dem Zynismus und Nihilismus ergeben oder sich in ihre schrumpfenden Safe Spaces zurückziehen, müssen wir das Prinzip Freundschaft aufrechterhalten – nicht unbedingt, weil wir gesellige Leute sind, sondern aufgrund unserer Sehnsucht, verstanden zu werden und zu verstehen. In einer Situation, in der starke Polarisierung und der Kollaps der Institutionen die traditionellen politischen und sozialen Bindungen beschädigen – etwa das Mitbürgertum oder Parteimitgliedschaften –, wird das Bedürfnis entstehen, die Verbindung mit Gleichgesinnten zu stärken. Je mehr die auf Gewalt und Unterdrückung basierende und von beidem abhängige neue Form des Faschismus die »Dunkle Materie« im Menschen anspornt, desto größer wird das Bedürfnis werden, das älteste Wort zu stärken, ein Wort, das Völkermorde und Weltkriege überlebt hat: Liebe. Nicht Liebe als das Übermaß ihrer seichten Bekundungen, sondern wahre, entschlossene Menschenliebe. Dieses Wort, das alle Wirren der Menschheitsgeschichte durchlaufen hat, darf uns nicht wegsterben.

Das alles wird relevant sein und uns als wesentlich einleuchten, sobald wir unsere Wirklichkeit voll und ganz anerkennen: Der Wahnsinn dieser Zeit resultiert nicht aus dem Zusammenbruch der Menschheit, sondern aus dem Zusammenbruch eines Systems. Diese Unterscheidung müssen wir alle so oft wiederholen, bis sie zum Zeitgeist wird.

All die menschenfreundlichen Wörter, über die ich in diesem Buch nachgedacht habe und die ich vor dem Sturm der Gegenwart retten will, werden aber nichts ausrichten können, wenn wir es nicht miteinander machen.

»Ich kriege keine Luft.«

Die letzten Worte von George Floyd, ausgesprochen, bevor er unter dem Knie eines Polizisten erstickte, gingen 2020 um die ganze Welt. Obwohl vor ihm schon viele Schwarze mit den gleichen Worten auf den Lippen gestorben waren, wurde Floyds Aufschrei zum Slogan der größten Mobilisierung von Schwarzen in der Geschichte. Offenbar war die Zeit dafür gekommen. Gleichzeitig rang die Welt mit einer Pandemie, die mehr als eine Million Opfer erstickte. Beide Todesschreie waren entsetzlich – und sie waren identisch: »Ich kriege keine Luft.« Bereits kurz vor der Pandemie hatten die jungen Bewohner des Planeten die Menschheit gewarnt: »Wenn ihr das System nicht verändert, kriegen wir bald keine Luft mehr.« Und wiederum davor war das Flehen um Atemluft über Kontinente hinweg jahrzehntelang immer lauter geworden. Es kommt von Geflüchteten, die man in Fleischlaster gezwängt hat, von Arbeitern in überfüllten Ausbeuterbetrieben, von Kindern, die während des versprengten Dritten Weltkriegs in Afrika und im Nahen Osten in Kellern festsitzen, von jungen

Frauen, die das Haus nicht verlassen dürfen, von Arbeitern in Jeansfabriken, die von den Sandstrahlgeräten Quarzstaublungen bekommen, von Büroangestellten, die das Sick-Building-Syndrom befällt, und von allen, deren Stimmen als unmaßgeblich erachtet wurden und die vergessen hatten, dass man nur kurz vor dem Schrei tief atmet.

Viele glauben, es gäbe eine unendliche Zahl völlig unterschiedlicher Probleme und jedes erforderte eine andere Lösung. Doch das Leben im Zeitalter der Differenzen und ihrer Überbewertung verzerrt die Tatsache, dass mittlerweile genug Menschen wissen, was Ersticken ist. Warum sonst würden wir mit dem System über einen einzigen Atemzug verhandeln?

Ich suche nach unanfechtbaren Wörtern, um die wir uns bei den Verhandlungen mit unserer Gegenwart einmütig scharen können. Das Wort »Demokratie« reicht nicht aus, und die Forderung nach Menschenrechten aktiviert die Massen nicht mehr wie früher. Deshalb entscheide ich mich für »Würde«.

Wir brauchen Wörter, die den Herzen der Menschen so nahestehen, dass sie in unserem gefährlichen Kommunikationsraum nicht verfremdet werden können, Wörter, die auch durch politische Polarisierung nicht zerfetzt werden können. Diese Wörter müssen so unverzichtbar wie das Atmen sein und in jeder Sprache das Gleiche bedeuten. Wir müssen so selbstverständlich und mühelos gemeinsam hinter ihnen hergehen können, als würden wir das Recht auf Atmen fordern. Und sollte man uns zum Schweigen bringen, wäre uns allen klar, dass uns das Recht zu atmen genommen wird. Erst dann, nämlich wenn die Konfrontation klar ersichtlich ist, können wir zu den großen Wörtern greifen, die Blut und Schmerz heraufbeschwören.

Das Wort »miteinander« ist ein politischer und ein moralischer Vorschlag. Der Blick auf die Welt von heute zeigt mir, dass die herkömmlichen politischen Institutionen zu schwer beschädigt sind, als dass sie unsere politischen Probleme lösen könnten. Nationale wie internationale Institutionen haben auch noch den letzten Rest Ansehen verloren, ganz zu schweigen von ihrer bereits seit Langem fragwürdigen moralischen Überlegenheit. Jedes positive politische Ereignis der letzten Jahrzehnte erwuchs aus neuen politischen Organismen, aus Bewegungen, die sich um die alten herum oder außerhalb davon entwickelt hatten. Dass diese politischen Bewegungen das System nicht reparieren konnten, liegt auf der Hand, doch immerhin haben sie unsere Sicht auf die Welt und auf uns selbst verändert. Sie haben neue moralische und politische Vermessungspunkte geschaffen, anhand derer eine neue geschichtliche Richtung erkennbar wird. Die neuen Bewegungen waren weder so bahnbrechend wie das Penizillin noch so invasiv wie die Chirurgie. Sie haben vielmehr wie Antikörper gewirkt, die uns halfen, die Krankheit zumindest bis heute zu überstehen. Für alle diese politischen Ereignisse gilt, dass sie sich zutrugen, als wir miteinander agierten.

Deshalb ist »miteinander« das einzige potenziell gefährliche Wort, das ich als Bestandteil in den neuen politischen und moralischen Antikörper miteinbeziehe. Diese Entscheidung bringt allerdings nur dann etwas, wenn auch Sie sie treffen. Denn erstaunlicherweise ist »miteinander« genau in den Situationen am zwingendsten, in denen das Wort am gefährlichsten wirkt.

Im verflixten Jahr 2020, als wir das Miteinander am dringendsten brauchten und am wenigsten hatten, geschah in jedem von uns etwas Merkwürdiges, und dieses Phänomen erinnerte mich an meine verstorbene Großmutter.

Sie war eine der letzten Nomadinnen im Süden der Türkei

und entgegen ihrem Naturell mit einem »Fundamentbauer« verheiratet (das ist übrigens die Bedeutung meines Nachnamens). Als sich zeigte, dass ich einige Eigenschaften von ihr geerbt hatte, sagte sie zu mir: »Der Schuh, der zu weit wandert, bringt Scheiße zurück.« Trotzdem war diese Frau, die bis zu ihrem Tod ein Gewehr besaß, insgeheim stolz auf meine Nomaden-Gene und meine entsprechenden Fähigkeiten.

Nomadisch veranlagt oder nicht – im Jahr 2020 durften wir nicht reisen, nicht zusammenkommen. Seite an Seite zu stehen trug das Risiko eines schrecklichen Todes in sich. Doch unsere Seelen und Körper wehrten sich gegen die plötzliche Veränderung, und viele reisten doch in andere Städte und sogar Kontinente, um zusammenzukommen, ungeachtet des Risikos, echte Scheiße nach Hause zu bringen. Bei der kleinsten körperlichen Annäherung galt es auf Distanz zu achten. Das Alleinsein – wir hatten geglaubt, es so dringend zu brauchen – wurde nach und nach zur Qual. Das ganze Jahr hindurch sehnten sich viele nach Küssen, Umarmungen oder einfach danach, mit fremden Menschen an einem belebten Ort zu sein – auch wenn sie wussten, dass sie möglicherweise Scheiße ins Haus tragen würden.

Miteinander muss in jeder Sprache ein sehr altes Wort sein. Es muss erfunden worden sein, um uns beim Überleben zu helfen oder beim Erzählen der Geschichte vom Überleben. Die Verben, die man mit diesem Wort assoziiert – sich vereinen, sich zusammentun, sich angleichen, sich einfügen, Differenzen gemeinsam beilegen –, mögen heute viel zu altmodisch klingen. Schließlich haben es die Menschen weit gebracht – einst kuschelten sie sich aneinander, um die kalte Nacht zu überstehen, inzwischen unternehmen sie Reisen ins All.

Im heutigen Alltag – in unseren Einzimmerwohnungen, unseren zellenartigen Büros, abends mit den aufgesetzten

Kopfhörern, morgens mit unseren Smartphones – brauchen wir das Wort immer seltener. Doch für die Wegmarken des Lebens, Geburt und Tod, benötigen wir nach wie vor Rituale, die uns mit anderen vereinen. Und bei größeren Zusammenkünften, sei es ein Fußballspiel oder eine Demonstration, entsteht noch immer die begeisternde Freude des Einsseins. Wenn an einem ätzenden Montag die U-Bahn ausfällt und alle frustriert seufzen, kommt so etwas wie menschliche Wärme auf. Und der Restaurantbesuch ist besonders schön, wenn das Lokal gut gefüllt ist. Beim Gang durch die leeren Straßen während der Lockdowns 2020 wurde vielen bewusst, dass sie das Miteinander, sogar das Miteinander mit Fremden, schon immer gebraucht hatten, ohne dieses Bedürfnis je wahrzunehmen. Ich war bestimmt nicht die Einzige, die die anderen, mir unbekannten Stammgäste in meinem Lieblingscafé nach dem Lockdown am liebsten umarmt hätte.

In diesem neuen System der sorgfältig bemessenen Distanzen wirken nur die Diktatoren glücklich. Es regiert sich wesentlich leichter, wenn die Leute die Köpfe nicht zusammenstecken dürfen. Der große »Körper«, das Volk, kann dann schließlich seine einzelnen Stimmen nicht gegen Unterdrückung, Lüge und Schamlosigkeit vereinen. Wir alle wissen inzwischen, dass das Miteinander nicht nur körperlich und emotional, sondern auch politisch notwendig ist, wenn wir von der repressiven Macht als Menschen anerkannt werden wollen. Zusammenzukommen ist per se ein unerlässliches politisches Statement. Nur im Miteinander lassen sich der politischen Macht, die uns im Würgegriff zu behalten droht, Zügel anlegen. Nur im Miteinander, das haben wir gelernt, können wir atmen.

Wir haben es vielleicht nicht ausgesprochen, aber wir haben es miterlebt: Menschen waren zu einer Entscheidung gezwungen, als sie für die *Black Lives Matter*-Bewegung auf die Straße gingen, als ungarische Bürgerinnen und Bürger die Plätze ihrer Städte besetzten, um gegen einen Diktator zu protestieren, als die Griechen gegen einen Krieg mit den Türken demonstrierten, als die Rettungsschiffe wieder und wieder aufs Mittelmeer hinausfuhren, um Geflüchtete vor dem Ertrinken zu bewahren. Miteinander – so lautete die Entscheidung auch dann, als es beschissen und lebensgefährlich wurde. Mit der Maske über dem Gesicht und dem Desinfektionsmittel in der Hand sind wir losgezogen, um den politischen und moralischen Spalt aufzuhalten, der in die falsche Richtung wuchs. Und immer haben wir aneinander geglaubt und uns vertraut – unter Einsatz unseres Lebens, das durch ein unsichtbares, aber tödliches Virus gefährdet war. Wir mussten mit der Gegenwart verhandeln: entweder gleich ersticken – durch die Gewalt der starken Männer, die unser Leben beherrschen – oder das Risiko eingehen, später zu ersticken, in einem Krankenhausbett. Das war wirklich gefährlich. Doch der Glaube an unsere Mitmenschen hat gesiegt.

Ich könnte das letzte bisschen Glauben an die Menschheit, das Sie noch haben, innerhalb einer Viertelstunde zerstören. Für den Versuch, diesen Glauben wiederherzustellen, muss man dagegen ein paar Hundert sorgsam ausgewählte Bücher lesen, um ein einziges schreiben zu können – und obendrein einen inneren Kampf bestehen. Obwohl sein Tod schon vor hundert Jahren verkündet wurde, ist es wesentlich einfacher, Gott und den Glauben an ihn zu verteidigen, als zu beweisen, dass der Mensch wertvoll genug ist, um als verlässliche Quelle des Glaubens zu dienen.

Religiöser Glaube setzt voraus, dass der Gläubige seinem Gott alle Ungerechtigkeit vergibt. Dagegen scheint ein solcher

Akt des Vergebens gegenüber denen, die an den Menschen glauben, fast unmöglich zu sein. Dieser Glaube ist deshalb so unbequem, weil er den Glauben an sich selbst beinhaltet und voraussetzt, dass man sich selbst vergibt.

Während der Arbeit an diesem Buch schrieb ich mehreren Freunden in Briefen folgenden Satz: »Frag mich, ob ich an das glaube, was ich schreibe!« Die meisten hielten die Bitte für rhetorisch. Schließlich klingt der Glaube an die Menschen heutzutage wie ein Witz. Es ist nicht leicht, Menschen zu diesem Glauben zu animieren, wenn der entsprechend trainierte eigene Blick auf die Welt überall Gemeinheit, Ungerechtigkeit und Demütigung sieht. Dazu kommt, dass mir ein großer Teil meines Lebens vom Faschismus gestohlen wurde. Der entsetzliche Schaden, den er in meinem engsten Kreis angerichtet hat, brachte mir größte Zweifel an der Natur des Menschen ein. Warum nehme ich das Thema Glaube trotzdem auf mich?

Nach vielem Nachdenken über diese sehr persönliche, zugleich aber politische Frage, die Menschen wie mich seit Jahrhunderten umtreibt, fand ich am Ende eine simple Antwort, die nicht weniger persönlich oder politisch ist als die Frage: Ich will frei sein, und deshalb will ich den Menschen vergeben – auch mir selbst.

Wie manch andere, die genauso viele Fragen stellen wie ich, brauche ich allerdings gute Gründe, um vergeben zu können. Im Gegensatz zum religiösen Glauben handelt es sich beim Glauben an den Menschen nicht um einen keiner Begründung bedürfenden Kreislauf, der in sich beginnt und endet. Er muss mehr sein als eine göttliche Tautologie. Er muss mehr sein, als *weil es so ist*. Und *ich* muss ebenfalls mehr sein. Ich habe die persönliche – und politische – Entscheidung getroffen, dieses Buch zu schreiben, weil ich frei sein und weil ich *mehr* sein will.

Ich kenne alte Menschen, vorwiegend Frauen, die diese Welt mit dem Gefühl verlassen haben, das Leben schulde ihnen etwas. Politische, rechtschaffene Leute, die glaubten, die Menschheit könnte besser sein und Besseres bewirken, und die Zeit ihres Lebens dafür gearbeitet haben, das zu erreichen. Doch als sie älter wurden und all das Böse und die Gemeinheit ihrer Mitmenschen sahen, zerbrach ihr Glaube.

Der Glaube – vielleicht waren sie schon zu müde, um das zu bedenken – nützt seinem Objekt überhaupt nichts. Er heilt den, der glaubt, den, der glauben muss.

Ich habe dieses Buch geschrieben, um mich nach allem, was ich gesehen habe, selbst zu heilen. Und was ich gesehen habe, war wohl nicht weniger widerlich, aber auch nicht erstaunlicher als das, was Sie heute erleben. Ich will nicht mit dem Gefühl sterben, die Welt wäre mir etwas schuldig. Dieses Buch ist mein guter Grund, meinen Mitmenschen zu vergeben; ein Zeugnis, das mich in Zeiten des Zweifelns daran erinnern soll, dass ich mir meine Vernarrtheit in die eigene Spezies um meiner selbst willen leidenschaftlich bewahren muss. Es ist der Versuch, mir meine Lebensfreude zu erhalten. Denn *ich war*, und *ich bin*. Und ich musste dieses Buch über das Miteinander schreiben, um sagen zu können: *Ich werde sein.*

Der Satz ist gefährlich, aber keiner führt zu größerer Freiheit. Deshalb entscheide ich mich dafür zu sagen: Ich glaube an euch. Ihr wart. Ihr seid. Und miteinander werden wir sein.

VIELEN DANK

Helen Garnons-Williams, *ein herrlicher Tag für Bananenfisch*, und ich liebe dich einfach.

Jordan Mulligan, du bist ein ganz besonderer Mensch, und das werden bald ganz viele sagen, Punkt.

Robert Caskie, inzwischen weiß ich: Was ich will, ist nicht immer das, was ich brauche.

Daniel Thrilling, danke für deine Geduld mit meiner Grammatik.

Meinen Wonder Women Burçak, Ayşe, Shegül, Aylin, Selen, Annelies, Mika, Petra, Asja und Mateja, danke, dass ihr mich unter lässigem Einsatz eurer Superkräfte vor mir selbst schützt.

Laurenz Bolliger, für deine Herzlichkeit und dein großes Talent zur Freundschaft.

Und dir, Ante, danke, dass du jeden Winter meinen Ofen anheizt.

Und natürlich Umut, immer.